Spiralschneider Kochbuch

Inspiralisierende Rezepte mit Obst und Gemüsenudeln

Linh Fingerhut

Alle Ratschläge in diesem Buch wurden sorgfältig erwogen und geprüft. Eine Garantie kann dennoch nicht übernommen werden. Eine Haftung für jegliche Personen-, Sach- und Vermögensschäden ist daher ausgeschlossen. Die Benut-zung dieses Buches und die Umsetzung der darin enthaltenen Informationen erfolgt ausdrücklich auf eigenes Risiko.

Vorwort

Der Spiralschneider ist ein wahres Küchenwunder. Ob elektrisch angetrieben oder mechanisch, mit ihm können Sie ganz schnell und einfach aus nahezu allen Obst- und Gemüsesorten gesunde und kalorienarme Nudeln zaubern. In diesem Buch finden Sie viele Anregungen und Rezepte. Trotzdem ist jeder Geschmack verschieden und ich bitte Sie, diese Rezepte nicht als strikte Richtlinien anzusehen. Erachten Sie sie lediglich als Inspirationsquelle und machen Sie sich aus jedem Gericht Ihr ganz persönliches Lieblingsgericht.

Guten Appetit!

⚒ INHALT

Den Spiralschneider richtig nutzen

Mit 19 bis 35 Kalorien pro 100 Gramm können Sie von Gemüsenudeln so viel essen, bis Sie satt sind. Normalerweise reichen 2 große oder 3 kleine Zucchini aus, um den großen Hunger zu stillen. 100 Gramm klassische Nudeln haben im Vergleich 350 Kalorien. Aber wie verarbeiten Sie Obst und Gemüse am einfachsten und welche Sorten eignen sich am besten dafür? Damit sich knackige Gemüsenudeln auf dem Teller kringeln und Sie süße Apfelscheiben knabbern können, gibt es einige Punkte zu beachten. Zum Beispiel die Suche nach dem geeigneten Spiralschneider.

WELCHER SPIRALSCHNEIDER IST DER RICHTIGE FÜR MICH?

Wenn Sie die bunte Gemüsepasta öfter in Ihren Speiseplan integrieren möchten, kommen Sie um die Anschaffung eines Spiralschneiders nicht herum. Sie können zwar auch lange Bandnudeln mit einem Sparschäler herstellen, allerdings ist die Arbeit damit recht mühselig, je nachdem, wie groß die Menge der Gemüsenudeln sein soll.

Herstellen können Sie die bunte Gemüsevielfalt mit verschiedenen Geräten, von manuellen bis hin zu elektrischen Spiralschneidern. Wenn Sie eher kleinere Mengen kochen, wird ein Spiralschneider, den Sie per Hand verwenden könne, völlig ausreichen. Machen Sie allerdings oft und gerne in größeren Mengen Gemüsepasta, ist ein elektrischer Spiralschneider die bessere Alternative.

Elektrische Varianten haben teilweise sogar noch mehr auf dem Kasten, als Spaghetti, Pappardelle oder Linguine herzustellen. Wenn sie zusätzlich über eine Hackfunktion verfügen, um die Lebensmittel zu Scheiben oder zu Julienne zu schneiden, können sie eine Menge Schnippelarbeit ersparen.

WIE SUCHE ICH DAS RICHTIGE GEMÜSE AUS?

Zucchinispaghetti kennt jeder, aber haben Sie schon mal Rote-Bete-Spaghetti oder Pastinaken-Tagliatelle probiert? Nein? Na dann, los! Die bunte Vielfalt der Rohkostspiralen lässt Gemüseliebhaber aufhorchen, denn es wird bunt in der Küche. Sie können nahezu alle festen Obst- und Gemüsesorten hacken, schneiden und zu Spiralen verarbeiten.

LEBENSMITTEL RICHTIG ZUSCHNEIDEN

Bevor Sie das Gemüse zu Spiralen oder Scheiben verarbeiten, kann es sein, dass Sie insbesondere breiteres Obst und Gemüse zuschneiden müssen. Dies gilt vor allem für elektrische Spiralschneider, die im Gegensatz zu manuellen über einen vorgeformten Einfüllschacht verfügen. Die schönsten Ergebnisse erzielt man dabei mit Lebensmitteln, die von vornherein in den Einfüllschacht passen, wie Zucchini, Gurken oder Möhren. Breitere Lebensmittel, wie Rote Bete, Süßkartoffel, Äpfel & Co. muss man allerdings vorher zuschneiden, um sie weiterzuverarbeiten. Auch festes Obst, wie Äpfel oder harte Birnen, ist für die Verarbeitung im Spiralschneider geeignet. Sie können es als fruchtigen Obstnudelsalat oder in Kombination mit Gemüsenudeln genießen. Entkernen Sie dafür das Obst und halbieren Sie es.

Spiralschneider-Hacks

WIE SPIRALISIERE ICH BROKKOLI?

Auch vermeintlich ungeeignete Gemüsesorten verbergen ungeahntes Potenzial. Den in vielen Rezepten nicht beachteten Strunk des Brokkolis kann man zu leckerer Gemüsepasta verarbeiten. Achten Sie am besten beim Brokkolikauf schon darauf, dass der Strunk möglichst lang und gerade ist. Schneiden Sie den Strunk vom Kopf ab, entfernen Sie die holzige die Haut mit einem Sparschäler und verarbeiten Sie ihn anschließend zu Gemüsenudeln.

Einziger Nachteil: Um eine ganze Familie mit Brokkolipasta satt zu bekommen, benötigt man ein paar mehr der grünen Vitaminbooster. Wenn Ihnen das zu viel Aufwand ist, können Sie die Brokkolinudeln auch mit anderen Gemüsespiralen wie Zucchini mischen, um eine größere Portion zu erhalten. Den Brokkolikopf können Sie natürlich auch zu Gemüseleckereien verarbeiten.

WIE MACHE ICH GEMÜSEREIS?

Sie haben Gemüsepasta in allen Formen und Variationen getestet? Dann probieren Sie doch mal Gemüsereis und heben Sie Ihre Low-Carb-Ernährung auf das nächste Level. Diese Variante hat mit Reis im eigentlichen Sinne nicht mehr viel zu tun, sondern erinnert nur optisch an die Getreidekörner.

Sie können alle Gemüsesorten zu Reis verarbeiten. Dafür füllt man das zuvor spiralisierte Gemüse in einen Hochleistungsmixer und betätigt mehrmals kurz die Pulse-Funktion, bis eine reisähnliche Konsistenz entsteht. Aber Achtung! Wenn man zu lange mixt, hat man anstatt Gemüsereis eher Brei.

WIE VERHINDERE ICH WÄSSRIGE ZUCCHININUDELN?

Hübsche Zucchinispiralen kringeln sich auf dem Teller, aber wässern vor sich hin? Um zu verhindern, dass die Zucchininudeln in Flüssigkeit schwimmen, sollten Sie wie folgt vorgehen:

Geben Sie die Zucchininudeln in ein großes Sieb und bestreuen Sie sie mit reichlich Salz. Rühren Sie die Nudeln gut um lassen Sie sie anschließend im Sieb über einer Schüssel etwa 30 Minuten ruhen, um die Feuchtigkeit, die das Salz der Zucchinipasta entzieht, abzufangen.

Wenn es schneller gehen soll, kann man die Zucchinipasta auch zwischen 2 Lagen Küchenpapier ausbreiten und so lange vorsichtig ausdrücken, bis sie keine Flüssigkeit mehr verliert.

Köstliche Rezepte

ZUCCHINISPAGHETTI MIT GARNELEN UND SAHNESOßE

Zutaten:

500g Garnelen

3 große Zucchini

2 rote Zwiebeln

2 Knoblauchzehen

4 EL Olivenöl

1 TL Thymian

1 TL Basilikum

100ml Sahne

100ml Gemüsebrühe

Salz und Pfeffer zum Abschmecken

Zubereitung:

1. Lassen Sie die Garnelen zunächst antauen und fangen Sie an, die restlichen Zutaten zubereiten. Drehen Sie die Zucchini so durch den Spiralschneider, dass am Ende Zucchinispaghetti entstehen.

2. Anschließend schälen Sie die Zwiebeln und die Knoblauchzehen, schneiden diese in kleine Stücke und braten Sie zusammen mit der Hälfte des Olivenöls in einer Pfanne scharf an. Geben Sie beides in ein Schälchen und stellen Sie dieses für später an die Seite. Sie brauchen die Pfanne nicht spülen und können diese nutzen um die angetauten Garnelen mit dem restlichen Olivenöl zusammen anzubraten. Dabei sollten die Garnelen von beiden Seiten etwa 3 Minuten lang angebraten werden und leicht rosa werden.

3. Dann den Knoblauch und die Zwiebeln wieder hinzu und fügen die Sahne, die Gemüsebrühe und die Kräuter mit hinzu. Bringen Sie die Soße zum Kochen und geben Sie die Zucchinispaghetti hinzu. Vermengen Sie alles und lassen Sie die Zucchinispaghetti 3 Minuten lang in der Soße mitkochen. Abschließend mit etwas Salz und Pfeffer abschmecken.

ZUCCHINISPAGHETTI MIT TOMATENSOßE UND PARMESAN

Zutaten:

4 große Zucchini

2 rote Zwiebeln

2 Knoblauchzehen

1 mittelgroße Möhre

2 Dosen gehackte Tomaten

1 EL Olivenöl

1 TL Oregano

1 TL Thymian

1 TL Chili

2 TL Paprika Pulver

50g geriebener Parmesan

Salz und Pfeffer zum Abschmecken

Zubereitung:

1. Drehen Sie zunächst die Zucchini so durch den Spiralschneider, dass am Ende Zucchinispaghetti herauskommen. Stellen Sie diese für später an die Seite, bevor Sie die Soße zubereiten. Für die Soße schälen Sie zunächst die Zwiebeln, die Knoblauchzehen und die Möhre und schneiden diese in kleine Stücke. Braten Sie diese zusammen mit dem Olivenöl in einer Pfanne an.

2. Geben Sie nun die gehackten Tomaten und die Gewürze mit in die Pfanne, vermengen Sie alles und lassen Sie die Soße kurz aufkochen. Abschließend geben Sie die Zucchinispaghetti hinzu, vermengen diese mit der Soße und lassen Sie 3 Minuten lang mitköcheln. Servieren Sie die Spaghetti und streuen Sie Parmesan oben drüber.

THUNFISCH-AUFLAUF

Zutaten:

2 Dosen Tunfisch (ca. 150-200 g)

2 mittelgroße Zucchini – In Spiralen geschnitten

1 kleine Zwiebel – Gehackt

3 Knoblauchzehen – Gehackt

1 Stange Sellerie – Gehackt

3 EL Ghee – Getrennt

1 EL Pfeilwurzpulver

350 ml Mandelmilch

Salz Pfeffer

Zubereitung:

1. Den Backofen auf 180°C vorheizen. Die Zucchini zu Spiralen verarbeiten. Zwiebel, Sellerie, Knoblauch und 1 EL Ghee, Salz und Pfeffer anbraten, bis das Gemüse goldbraun ist.

2. Die 2 EL Ghee mit einem EL Pfeilwurzpulver auf mittlerer Hitze vermengen, bis es sämig ist und blubbert. Salz und Pfeffer zum Abschmecken hinzugeben. Die Mandelmilch rühren, bis sie sämig ist und blubbert.

3. Den Thunfisch mit einer Gabel stampfen und unter das Gemüse rühren. Den Tunfischmix zum Gericht hinzufügen. Die Ghee-Mischung darauf verteilen und das Ganze für 45 Minuten backen.

ZUCCHININUDELSUPPE AUF ITALIENISCHE ART

Zutaten:

660 ml Rinderbrühe

1 Zucchini – In Spiralen geschnitten

2 Stangen Sellerie – Gehackt

1 Zwiebel – Gewürfelt

1 mittelgroße Karotte – Gehackt

1 mittelgroße Tomate – Gewürfelt

1 ½ TL Knoblauchsalz

750 g Rinderhack

100 g Parmesan

6 Knoblauchzehen – Gehackt

1 großes Ei

4 EL Petersilie

1 ½ TL Meersalz

1 ½ TL Zwiebelpulver

1 TL ital. Kräuter

1 TL Oregano

½ TL Pfeffer

Zubereitung:

1. Den Schongarer auf geringe Hitze einstellen. Die Rinderbrühe, Zucchini, Zwiebel, Sellerie, Karotte, Tomate und das Knoblauchsalz hineingeben. Den Topf bedecken.

2. In einer großen Schüssel Parmesan, Rinderhack, Ei, Knoblauch, Meersalz, Petersilie, Zwiebelpulver, Italienische Kräuter, Pfeffer, und Oregano zusammengeben. Alles gut vermengen und daraus 30 Frikadellen formen.

3. Das Öl bei mittlerer Hitze in einer großen Pfanne erhitzen. Wenn die Pfanne heiß ist, die Frikadellen hineingeben und solange braten, bis sie von allen Seiten braun sind. Die Frikadellen mit in den Schongarer geben, diesen wieder schließen und 6 Stunden kochen lassen.

CREMIGE ZUCCHINI-PASTA

Zutaten:

3 kleine Zucchini

1 Tomate

½ Avocado

2 EL Petersilie – Gehackt

2 TL Limettensaft

1 TL Basilikum – Getrocknet

1 EL Walnüsse – Gehackt

5 EL Wasser

Zubereitung:

1. Die Zucchini in Spiralen schneiden. Die Tomaten und die Zucchini schneiden.

2. Die Sauce zubereiten, indem Petersilie, Avocado, Knoblauch, Olivenöl, Limettensaft, Basilikum, Walnüsse und das Wasser in einem Standmixer püriert werden.

3. Die Sauce über die Nudeln gießen und mit den Händen einarbeiten.

ZUCCHINI CARPACCIO

Zutaten:

Zutaten für das Carpaccio:

3 mittelgroße Zucchini

Der Saft von 2 Limetten

1 EL Natives Olivenöl Extra – Zum Beträufeln

Prise Pfeffer

2 EL Koriander

2 EL Kokosraspeln

Dressing:

½ EL Olivenöl

½ EL Wasser

1 EL Zitronensaft

1 mittlere Avocado – Gewürfelt

50 g Pistazien – Geschält, geröstet, gesalzen

Zubereitung:

1. Die Zucchini zu Spiralen schneiden. Die Zucchini-Spiralen in eine Schüssel füllen und den Limettensaft hinzufügen. Beides miteinander vermengen.

2. Die Zucchininudeln auf einem Tablett ausbreiten und sie mit Nativem Olivenöl Extra beträufeln und eine Prise Pfeffer darüber streuen. Gib Kokosraspeln und den Koriander in einer Rührschüssel zusammen. Streue es über die Zucchininudeln.

3. Die Zutaten für das Dressing in einen Mixer oder eine Küchenmaschine füllen. Es muss zu einer cremigen Masse verarbeitet werden. Das Dressing mit einem Löffel auf den Zucchininudeln verteilen.

4. Das Carpaccio mit Salat- oder Pasta-Zangen servieren.

KAPERN-TOMATEN-ZUCCHININUDELN

Zutaten:

1 Knoblauchzehe – Gehackt

1 EL Kapern – Abgetropft, abgespült

¼ TL Meersalz Prise rote Paprikaflocken

10-15 Kalamataoliven – Entkernt

2 EL Natives Olivenöl Extra

240 g Kirschtomaten – Halbiert

Eine Handvoll Basilikumblätter – Zerrissen

4-5 große Zucchini – Enden abgeschnitten Der Saft ½ Zitrone

Zubereitung:

1. Kapern, Knoblauch, Salz, rote Paprikaflocken und die Oliven auf ein Schneidebrett geben und einige Male durchschneiden. So gut wie möglich zerstampfen, um es zu einer Paste zu machen. Die Masse in eine große Rührschüssel füllen und Olivenöl, Basilikum und Tomaten hinzugeben. Die Schüssel 10-15 Minuten beiseite stellen.

2. Die Zucchininudeln vorbereiten. Sie zu Spiralen verarbeiten und die Zucchininudeln in einem Sieb mit Salz vermengt 20 Minuten stehen lassen. Die Zucchininudeln mit in die Schüssel geben und alle Zutaten miteinander vermengen.

ZUCCHINISPAGHETTI MIT SPARGEL, SCHINKEN UND EI

Zutaten:

4 große Zucchini
2 rote Zwiebeln
2 Knoblauchzehen
250g gewürfelter Speck
4 Eier
8 Stangen grüner Spargel
4 EL Olivenöl
2 TL Paprika Pulver
1 TL Oregano
1 TL Kreuzkümmel
1 Bund frische Petersilie 1 Bund frischer Schnittlauch
Salz und Pfeffer zum Abschmecken

Zubereitung:

1. Drehen Sie zunächst die Zucchini so durch den Spiralschneider, dass am Ende Zucchinispaghetti dabei herauskommen. Anschließend schälen Sie die Zwiebeln und die Knoblauchzehen und schneiden beides in kleine Stücke. Den Spargel schneiden Sie in daumenbreite Stücke. Geben Sie das zerkleinerte Gemüse zusammen mit dem gewürfelten Speck und dem Olivenöl in eine Pfanne und braten Sie alles zusammen an.

2. Folgend vermengen Sie die Eier mit den Gewürzen. Anschließend geben Sie die Zucchini mit in die Pfanne, geben die Eiermasse oben drüber und braten alles zusammen solange an bis die Eier aufstocken und durch sind.

3. Sie können nun die Petersilie und den Schnittlauch kleinhacken und oben drüberstreuen.

PALEO-FETTUCCINE

Zutaten:

120 g Schlagsahne

2 EL Butter

4 TL Speisestärke

Prise Salz

Prise Pfeffer

1 TL Knoblauchpul-
ver

1 TL Zwiebelpulver

2 gelbe Zucchini

Zubereitung:

1. In einer Pfanne Butter, Sahne, Salz, Pfeffer, Stärke, Knoblauchpulver und Zwiebelpulver mischen. Erhitzen, bis die Sauce sämig ist.

2. Die Zucchini zu Spiralen schneiden. Die Nudeln in die Sauce geben. Die Spiralnudeln in der Sauce 1-3 Minuten kochen.

TOMATEN-KÜRBIS-NUDELN

Zutaten:
120 g Schlagsahne
270 g Pizzasauce
2 EL Butter
4 TL Speisestärke
Prise Salz
Prise Pfeffer
1 TL Knoblauchpulver
1 TL Zwiebelpulver
5 mittelgroße gelbe Zucchini – In Spiralen geschnitten

Zubereitung:
1. In einer Pfanne die Pizzasauce, Sahne, Butter, Salz, Pfeffer, Stärke, Knoblauchpulver und Zwiebelpulver mischen. Erhitzen, bis eine sämige Masse entstanden ist, währenddessen die ganze Zeit rühren. Mit einem Spiralschneider die Zucchini zu Spiralen schneiden.
2. Die Nudeln in die Sauce geben. Die Spiralnudeln in der Sauce 1-3 Minuten kochen.

ZUCCHINI-FETTUCCINE

Zutaten

1 mittelgroßer Butternusskürbis/Moschuskürbis/Speisekürbis
3 EL Kokosöl – Getrennt
1 mittelgroße gelbe Zwiebel – Gehackt
2 Knoblauchzehen – Gehackt
2 TL Rosmarin – Getrocknet
250 ml Kokosmilch
120 ml Gemüsebrühe
½ TL Meersalz
500 g Pilze – Geschnitten
1,5 kg Zucchini – In Spiralen geschnitten
Pfeffer zum Abschmecken

Zubereitung:

1. Den Backofen auf 190°C vorheizen. Den Kürbis der Länge nach halbieren. Ein Backblech mit 1 EL Kokosöl einfetten und den Kürbis darauf mit der geschnittenen Seite nach unten legen.
2. Für 30-45 Minuten rösten bis er weich ist. Den Kürbis abkühlen lassen. Das Kürbisfleisch auslöffeln und die Schale entsorgen. Den Kürbis (bzw. das Kürbisfleisch) in den Mixer geben.
3. 1 EL Kokosöl in einer Pfanne bei mittlerer Hitze geben. Die Zwiebeln und den Knoblauch hineingeben. Beides für 3-5 Minuten anbraten. Als nächstes den Knoblauch und die Zwiebeln, Kokosmilch, Rosmarin, Brühe und das Salz zu dem Kürbis in den Mixer füllen. Alles pürieren bis es glatt ist. Das restliche Kokosöl in eine Pfanne geben.
4. Die Pilze dazugeben und 2 Minuten anbraten. Die Zucchini hinzufügen und 3 Minuten lang garen lassen. Die Sauce mit in die Pfanne geben und alles zusammen erhitzen. Mit Pfeffer garniert servieren.

GRÜNER BANDSALAT

Zutaten:

270 g Kohl – Zerpflückt
900 g Spinatblätter– Gewaschen
2 mittelgroße Zucchini
1 mittelgroßer grüner Apfel
1 EL weißer Branntweinessig
1 EL Olivenöl
1 EL Ahornsirup
½ TL Meersalz

Zubereitung:

1. Den Kohl und die Spinatblätter wie einen Buritto zusammenrollen und zu Bändern schneiden. Kohl und Spinat in eine große Schale füllen. Den Apfel entkernen und in zerteilen und ebenfalls in die Schüssel geben.
2. Mit einem Spiralschneider die Zucchini in Spiralen schneiden und dann mit in die Schüssel geben. In einer kleinen Schüssel Essig, Ahornsirup, Olivenöl und Meersalz verrühren.
3. Die Essigmischung über das Gemüse gießen und gut unterrühren.

ZUCCHININUDELN PAD THAI

Zutaten:

1 Zucchini - In Spiralen geschnitten

2 große Karotten – In Spiralen geschnitten

1 rote Paprika – Fein geschnitten

100 g Rotkohl – Fein geschnitten

120 g Edamame – Tiefgekühlt, aufgetaut

3 Frühlingszwiebeln – Fein geschnitten

1 EL Hanfsamen

1 TL Sesamsamen

Zutaten für das Dressing:

1 Knoblauchzehe

60 g Mandelbutter

2 EL Limettensaft

2 EL Tamari

2 EL Wasser

2 ½ TL Ahornsirup

½ EL Sesamöl – Geröstet

1 TL Ingwer

Zubereitung:

1. Das Gemüse vorbereiten. Das gesamte Gemüse in einer großen Rührschüssel vermengen.

2. Mit sauberen Händen vermischen. Das Dressing vorbereiten, indem alle Dressing-Zutaten vermischt werden. Etwas stehen lassen, bis es andickt.

3. Das Gemüse auf Schalen verteilen, Edamame als Topping darüber geben, dann die Frühlingszwiebeln und schließlich die Samen. Das Dressing darüber gießen.

SESAM-ZUCCHININUDELN

Zutaten:

6 mittelgroße Zucchini

1 TL Meersalz – fein

60 g Tahini

2 cm großes Stück Ingwer – Geschält, gerieben

2 EL Kokosnuss-Aminosäuren oder Sojasauce

1 EL Sesamöl – Geröstet

1 TL Fischsauce

½ TL Rote Paprikaflocken

1 kleines Bund Frühlingszwiebeln – Geschnitten

2 EL schwarze oder weiße Sesamsamen – zum Garnieren

Zubereitung:

1. Zucchini schälen und zu Spiralen verarbeiten. Zucchini in ein Sieb geben und mit Salz vermischen. 20 Minuten stehen lassen.

2. Tahini, Kokosnuss-Aminosäuren, Fischsauce, Ingwer, Sesamöl, rote Paprikaflocken und Fischsauce miteinander vermischen.

3. Die Zucchininudeln mit kaltem Wasser abspülen und auf Küchentüchern trocknen. Die Zucchininudeln in die Sauce rühren und dann mit den Frühlingszwiebeln und Sesam garnieren.

NUDEL-GEMÜSE-MIX

Zutaten:

Zutaten für die Sauce:

6 EL rohes Tahini

1 EL Sesamöl

125 g Walnüsse

75 g Koriander – Frisch, Gehackt

Eine Handvoll Basilikum – Frisch

1 Knoblauchzehe

Saft von ½ Zitrone

Meersalz & Pfeffer

Zutaten für das Gemüse:

6 Zucchini – Geschält

500 g Spargel – Fein geschnitten

1 große rote Paprika – Fein geschnitten

40 g Pilze – Fein geschnitten

Zutaten zur Garnitur:

25 g Frühlingszwiebeln – Gehackt

20 g Koriander

70 g Walnüsse

Meersalz

Pfeffer

Zubereitung:

1. Walnüsse, Tahini, Basilikum, Knoblauch, Olivenöl und Zitronensaft in eine Küchenmaschine oder einen Standmixer füllen. Gut miteinander vermischen. Salz und Pfeffer zufügen. Die Mischung beiseite stellen.

2. Je nach gewünschter Konsistenz kann warmes Wasser zum Verdünnen hinzugegeben werden. Die Zucchininudeln vorbereiten, indem sie in Spiralen geschnitten und in einem Sieb mit Salz 20 Minuten stehen gelassen werden.

3. Alles übrige Gemüse in einer anderen Schüssel miteinander mischen. Die Nudeln vorsichtig mit der Sauce vermischen, um die Nudeln nicht zu zerbrechen. Mit Walnüssen, Frühlingszwiebeln und Koriander garnieren.

4. Mit Meersalz und Pfeffer garnieren.

HÜHNER-NUDELSUPPE

Zutaten:

1 Liter Hühnerbrühe

1 Stange Sellerie – Gewürfelt

1 große Karotte – Gewürfelt

1 kleine Zucchini – In Spiralen geschnitten

Zubereitung:

1. Die Brühe in einem mittelgroßen Topf zum Kochen bringen. Die Hitze reduzieren, bis die Brühe nur noch köchelt.

2. Die Karotten und Sellerie hineingeben. Für 10-20 Minuten köcheln lassen bis das Gemüse weich ist.

3. Die Zucchininudeln hinzufügen und für einige weitere Minuten kochen.

GEBRATENES GEMÜSE AUF VIETNAMESISCHE ART

Zutaten:

1 große Zucchini – In Spiralen geschnitten
½ mittlere rote Paprika – Gehackt
1 mittlere Karotte – Geschält, geraspelt
2 Knoblauchzehen – Gehackt
1 TL Fischsauce
1 TL Geriebener Ingwer
2 ½ TL Curry
1 ganze Limette – Ausgepresst
Beliebiges gekochtes oder (kurz) gebratenes Fleisch
Eine Handvoll Koriander – Gehackt
Walnuss-Speiseöl
1 ½ TL Sesamöl
Prise
Pfeffer

Zubereitung:

1. Die Pfanne auf mittlerer Stufe erhitzen. Knoblauch und Ingwer hineingeben. Die rote Paprika hinzufügen und sie anbraten, bis sie weich ist.

2. Die Karotten zufügen und für weitere 2 Minuten garen. Schließlich das Fleisch hinzugeben und mit erhitzen. Das Currypulver und die Zucchininudeln unterrühren. Die Pfanne in Bewegung halten.

3. Die Pfanne weiter in Bewegung halten. Den Rest der Zutaten dazugeben. Alles durcherhitzen lassen und servieren.

CHOW MEIN PALEO STYLE

Zutaten:

250 g Hähnchenbruststreifen

½ EL Ghee

1 EL Kokosnuss-Aminosäuren oder Sojasauce

1 EL Reisessig

½ Grünkohl, fein geschnitten

1 große Karotte – Geraspelt

1 Kopf Brokkoli in Stücke geschnitten

2 in Spiralen geschnittene Zucchini

Zutaten für die Sauce:

3 EL Kokosnuss- oder Sojasauce

2 EL Reisessig

1 TL Sesamöl

1 EL Fischsauce

5 cm Stück Ingwer – Gehackt

1 TL Honig

¼ TL Paleo Sriracha

Zubereitung:

1. Das Ghee in einen Wok auf mittlerer Hitze geben. Das Hähnchen, 1 EL Kokosnuss-Aminosäuren und 1 EL Reisessig hinzufügen.

2. Umrühren und für 5-7 Minuten kochen. Alle Zutaten für die Sauce miteinander vermischen. Die Karotte, Grünkohl, Brokkoli, und die Sauce in den Wok geben.

3. Den Wok bedecken und alles 10-15 Minuten kochen lassen. Die Zucchininudeln dazugeben und weitere 7-10 Minuten kochen lassen.

GERÖSTETES KNOBLAUCH-HÄHNCHEN

Zutaten:

500 g Hähnchenbrust – Gewürfelt

1 Knolle Knoblauch – Geröstet

1 Knoblauchzehe – Zerdrückt

4 EL Natives Olivenöl extra

Saft ½ Zitrone

1 TL Knoblauchgranulat/pulver

25 g Parmesan

1 TL Rote Paprikaflocken

1 EL Meersalz

350 g Rübstiehl/Stielmus

225 g Spinat – Frisch

600 g Zucchini – In Spiralen geschnitten

1 mittelgroße weiße Zwiebel – Geschnitten

300 g Kirschtomaten

Zubereitung:

1. Den Ofen auf 200°C vorheizen. Ein Backblech mit Alufolie bedecken. Ein kleines Stück Alufolie abschneiden. Das Obere der Knoblauchknolle abschneiden, sodass ein kleines Stück der Zehen zu sehen ist.

2. Das kleinere Stück auf die Alufolie legen. Darauf 1 TL natives Olivenöl Extra tröpfeln. Den Knoblauch einwickeln und 35-40 Minuten im Ofen backen bis er braun ist. Abkühlen lassen und in die Primavera-Sauce geben.

3. 1 EL Öl in einer Pfanne auf mittlerer Stufe erhitzen. Den zerdrückten Knoblauch und die roten Paprikaflocken hinzufügen. Eine Minute garen lassen. Das Hähnchen hinzugeben und mit Meersalz bestreuen. Für 5-7 Minuten garen lassen.

4. Das Hähnchen aus der Pfanne nehmen und beiseite stellen. 1 EL Öl in die Pfanne gießen. Zwiebel, Tomaten, Brokkoli und andere Gemüsesorten nach Wahl hineingeben. Die Zucchini

nicht hinzugeben.

5. Das Gemüse mit Salz, roten Paprikaflocken und Knoblauchgranulat würzen. Alles andünsten lassen bis es weich ist. Kurz vor Ende den Spinat unterrühren. Das Gemüse zu dem Hähnchen in eine Schüssel geben.

6. 1 EL Öl in die Pfanne mit den roten Paprikaflocken und den Zucchininudeln geben. Für 3-4 Minuten anbraten. Die Nudeln entwässern und zu dem Hähnchen dazugeben.

7. Alles mit Meersalz, geröstetem Knoblauch, Parmesan, Pfeffer und den roten Paprikaflocken vermischen.

PALEO TETRAZZINI

Zutaten:

8 Mittelgroße Zucchini – Geschält, in Spiralen geschnitten

1 kg Hähnchenstreifen

4 EL Butter

1 EL Salz

75 g Zwiebel – Fein gehackt

4 Knoblauchzehen – Fein gehackt

150 g Pilze – Geschnitten

1 EL Thymian – Gehackt

120 ml Chardonnay

1 Dose Kokosmilch (ca. 200 g) – die Creme

1 Tüte Erbsen (ca. 500 g) – Tiefgekühlt

100 g Mandelmilch

Petersilie – zum Garnieren

1 EL Pfeilwurz

Zubereitung:

1. Die Butter zur Hälfte in einer großen Pfanne auf hoher Stufe schmelzen. Die Hähnchenstreifen mit Salz und Pfeffer würzen. Anbraten, bis sie braun sind. Das Hähnchen für 5 Minuten zur Seite stellen und es dann hacken.

2. In der gleichen Pfanne den Rest der Butter und die Hähnchenstücke, Knoblauch mit den Zwiebeln und Pilzen zusammenfügen, Zwiebeln und Pilze weich werden lassen. Den Thymian, die Kokosnuss-Creme und den Wein zugeben. Alles für 5 Minuten köcheln lassen bis es dickflüssig ist.

3. Wenn die Sauce die gewünschte Konsistenz erreicht hat, die Erbsen hinzugeben und die Pfanne vom Herd nehmen. Die Zucchininudeln mit dem Hähnchen und der Sauce verrühren, bis alles gut vermischt ist.

4. Alles in eine Auflaufform füllen. In einem Standmixer oder einer Küchenmaschine 1 Tasse Mandelkleie und 2 EL Butter mit ½ TL Salz mixen, bis ein Teig entsteht. Die Masse auf dem Gericht verteilen. Die Auflaufform bei 190°C für 25-30 Minuten im Ofen backen.

5. Anrichten und mit Petersilie garnieren.

SAMBAL-NUDELN

Zutaten:

1 TL Meersalz

2 EL Limettensaft

2 EL Melasse

1 Knoblauchknolle

105 g Serrano-Chilischoten

75 g Kirschtomaten

½ mittelgroße Zwiebel

2 EL Kokosöl

25 g Karotten – Gewürfelt

40 g Grüne Bohnen – Geschnitten

2 Basilikumblätter

20 g Zitronengras – Geschnitten

120 ml Kokosmilch

8 Kirschtomaten – halbiert

475 g Zucchininudeln – Vorbereitet, in Spiralen geschnittene Zucchini

15 rohe Garnelen – Geschält, entdarmt

Zubereitung:

1. Mit einem Mixer Salz, Melasse, Limettensaft, Knoblauch, Zwiebel, Pfeffer und Kirschtomaten mixen. Das Kokosöl im Wok auf geringer bis mittlerer Hitze erhitzen. Die Mischung aus dem Mixer, Zitronengrass und die Basilikumblätter hinzugeben. 15 Minuten köcheln lassen.

2. Das Gras und die Blätter entnehmen. Die Sambal-Sauce beiseite stellen. Die Pfanne ausspülen und bei geringer bis mittlerer Hitze die Kokosmilch erhitzen, bis sie zu köcheln beginnt.

3. Die Garnelen hinzugeben und auf jeder Seite zwei Minuten kochen. Das Gemüse hinzugeben und alles weitere zwei Minuten kochen lassen. Die Sambal-Sauce zugeben, sie gut unterrühren und alles für weitere 2-3 Minuten kochen.

4. Die Zucchininudeln hinzufügen und alles gut vermischen. Alles für weitere 5 Minuten kochen lassen und die Sauce etwas reduzieren.

GARNELEN MIT ZUCCHININUDELN

Zutaten:

2 mittelgroße Zucchini

12-15 große Garnelen – Geschält, entdarmt

½ EL Natives Olivenöl Extra

3 Knoblauchzehen – Zerdrückt

1 EL Petersilie – Gehackt

2 EL Zitronensaft

Schale von ½ Zitrone

1 EL Kokosöl

350 g junger Spinat

Salz

Pfeffer

Zubereitung:

1. Die Garnelen entdarmen und schälen. Den Knoblauch zerdrücken. Olivenöl, 1 EL Zitronensaft, Knoblauch, Petersilie, Schale, Salz und Pfeffer mischen. Für 30 Minuten marinieren.

2. Die Nudeln aus den Zucchini herstellen. Die Nudeln in ein Sieb füllen und mit Salz bestreuen. Beides gut vermischen und für 20 Minuten stehen lassen. Die Zucchini mit Küchentüchern trocken tupfen.

3. Das Kokosöl auf mittlerer Hitze erwärmen. Die Garnelen und die Marinade hinzugeben. Für 30 Sekunden kochen lassen. Die Garnelen wenden und weitere 30 Sekunden kochen.

4. Die Garnelen beiseite stellen und dann die Zucchini in die Pfanne geben. Eine Minute kochen lassen.
Den Spinat und die Petersilie mit den Garnelen hinzugeben. Rühren, bis die Garnelen rosa und die Nudeln weich sind. (1-2 Minuten)

5. Salz und Pfeffer zufügen sowie einen weiteren Esslöffel Zitronensaft. Mit der Zitronenschale garnieren.

SPAGHETTI CARBONARA PALEO STYLE

Zutaten:

2 mittelgroße Zucchini

130 g Pancetta – Klein gewürfelt

4 große Eier – Zimmertemperatur

60 ml Kokosmilch

3 Knoblauchzehen – Fein gehackt

Prise Pfeffer

Petersilie

Geriebener Parmesan

Zubereitung:

1. Eier und Kokosmilch in einer Rührschüssel mit dem Schneebesen verrühren. Eine Prise Pfeffer hinzufügen. Den Topf auf mittlerer Hitze erhitzen und dann die Pancetta hinzugeben. Gut verrühren, bis die Pancetta knusprig und golden ist (5-7 Minuten). Die Pancetta herausnehmen und in einer Schüssel beiseite stellen. Die Hitze auf mittlerer Stufe reduzieren.

2. Den Knoblauch hinzugeben und im Pancetta-Fett umrühren. Die Zucchininudeln dazugeben und dann umrühren. Kochen bis sie weich sind und das Wasser verkocht (5-8 Minuten). Zum Abschluss von Schritt 6 die Hitze auf mittlere bis hohe Stufe stellen.

3. Den Topf vom Herd nehmen und die Eimischung und ¾ der gekochten Pancetta hineingießen. Alles gut umrühren, während die Eier kochen. Die Nudeln bedecken. Sobald die Eier fest sind, das Essen aus dem Topf nehmen und garnieren.

ZUCCHININUDELN MIT EIERN

Zutaten:

2 kleine Zucchini – In Spiralen geschnitten

¼ TL Salz

1 EL Mandelmehl (z.B. aus dem DM)

½ TL Kokosöl

1 EL Natives Olivenöl Extra

1 Knoblauchzehe – Zerdrückt

3 große Eier – Gerührt

Eine Handvoll Petersilie – Gehackt

Ein wenig Salz

Pfeffer

Zubereitung:

1. Die Zucchini in ein Sieb geben und gut mit etwas Salz vermengen. Die Zucchini für 20 Minuten im Sieb ruhen lassen. Zucchini abspülen und mit Küchentüchern trocken tupfen. Pfanne auf mittlere Hitze erwärmen.

2. Das Mandelmehl mit dem Kokosöl hineingeben, mit einer Prise Salz bestreuen und dann für eine Minute anbraten. Die Pfanne beiseitestellen. Die Pfanne wieder auf die Herdplatte stellen und die Zucchininudeln hinzufügen. Für 1-2 Minuten anbraten.

3. Die Nudeln zum Pfannenrand schieben und die Hitze dann auf niedrige bis mittlere Stufe reduzieren. Die Pfanne etwas abkühlen lassen. Das Olivenöl und den Knoblauch hineingeben. Für 20 Sekunden kochen.

4. Die Eier hineingießen und sie ¾ fertig kochen/stocken lassen. Dann die Nudeln in der Pfanne mit dem Ei vermischen und sanft rühren, bis das Ei fest geworden ist. Mit Salz und Pfeffer abschmecken und mit Mandelmehl und Petersilie bestreuen.

ZUCCHINI-SPECK-PASTA

Zutaten:

4 große Zucchini

2 TL Salz

80 g Speckfett (vom Metzger)

Eine Handvoll Basilikum – Frisch, gehackt

2 große Knoblauchzehen – Zerdrückt

70 g Walnüsse – Gehackt

Zubereitung:

1. Die Zucchini in Spiralen schneiden. Die Spiralen in einem Sieb mit Salz vermengen und dann eine Stunde lang stehen lassen. Die Zucchini abspülen und auf Küchentüchern trocknen lassen.

2. Das Speckfett in einer Pfanne auf mittlerer Hitze erhitzen. Die Zucchininudeln und den Knoblauch hinzugeben. Beides für 4-5 Minuten anbraten.

3. Die Walnüsse und den Basilikum hineingeben. Alles für 2 Minuten kochen.

ZUCCHINIPASTA MIT SPECK

Zutaten:

500 g Kirschtomaten

6 Speckstreifen – In 2 cm große Stücke geschnitten

Eine Handvoll Basilikumblätter – Lose verpackt

1 EL Schmalz – zerlassen

1 Prise Salz

Pfeffer

3 mittlere Zucchini

1 mittlere, reife Avocado

Zubereitung:

1. Einen großen Topf voll Wasser mit Salz zum Kochen bringen. Hohe Hitze einstellen und bedecken. Währenddessen Backofen auf 180°C vorheizen. Tomaten, Basilikum und Speck auf einem Backblech mit dem Schmalz vermengen. Mit dem Pfeffer bestreuen und nochmal alles vermischen.

2. Tomaten, Basilikum und Speck bei 180°C für 20 Minuten backen. Die Enden der Zucchini abschneiden und die Zucchini zu Zucchininudeln schneiden. Die Zucchininudeln für 2 Minuten in dem Topf mit kochendem Wasser blanchieren.

3. Die Zucchininudeln mit kaltem Wasser abspülen und sie dann mit einem Handtuch abtrocknen. Wenn der Tomatenmix fertig ist, diesen mit den Zucchininudeln und der Avocado vermischen.

PALEO NUDEL-BOWL

Zutaten:
250 g Steak
1 EL Öl

Zutaten für das Steakgewürz:
½ EL Chilipulver
½ EL Kreuzkümmel
¼ TL Cayennepfeffer
½ TL Salz
½ TL Pfeffer

Zutaten für die Pasta-Bowl:
3 grüne Kochbananen – In Spiralen geschnitten (z.B. aus dem Kaufland oder in der Asiaecke)
2 EL Öl
1 grüne Paprika – Gehackt
75 g Kirschtomaten – Halbiert
½ Avocado – Gewürfelt

Zubereitung:
1. Die Zutaten für das Steakgewürz vermischen und das Steak damit einreiben. 1 EL Öl in einer Pfanne erhitzen und das Steak 3 Minuten von jeder Seite anbraten. Die Steaks herausnehmen und etwas stehen lassen.
2. Die Kochbananen mit dem Spiralschneider zu Nudeln
verarbeiten. 2 EL Öl in die Pfanne geben und auf mittlerer Stufe erhitzen. Die Kochbananen-Nudeln hineingeben.
3. 1 Minute vor Abschluss des Kochens die grüne Paprika zufügen. Tomaten, Steak und Avocado klein schneiden. Alle Zutaten miteinander mischen.

KAROTTEN-PASTA-SALAT

Zutaten:

Zutaten für die Karotten-Pasta:

5 Große Karotten – Geschält, in Spiralen geschnitten

50 g Cashewnüsse – Geröstet

2 EL Koriander – Gehackt

Zutaten für die Ingwer-Limetten-Erdnusssauce:

2 EL cremige Erdnussbutter

4 EL Sojasauce

Eine Prise Cayennepfeffer

2 große Knoblauchzehen – Fein gehackt

1 EL Ingwer – Geschält, gerieben

1 EL Limettensaft

Eine Prise Salz

Zubereitung:

1. Alle Zutaten für die Ingwer-Limetten-Sauce in einer Schüssel miteinander verrühren, bis sie glatt ist. Die Karotten schälen und trocken tupfen. Die Karotten zu Spiralen schneiden und Nudeln daraus machen.

2. Die Karotten-Nudeln in eine große Schüssel füllen. Die Ingwer-Limetten-Erdnusssauce über die Nudeln gießen und beides gut miteinander vermischen.

3. Mit den gerösteten Cashewnüssen und dem Koriander servieren.

AUBERGINEN-NUDELN

Zutaten:

2 mittelgroße Auberginen

1 TL Meersalz

Zutaten für die Primavera-Sauce:

2 EL Kokosöl

1 EL Knoblauch

75 g rote Zwiebel – Gehackt

½ gelbe Paprika

110 g Zuchtchampignon – Geschnitten

2 Karotten geschn.

1 große Tomate

75 g Erbsen

35 g Kohl – Gehackt

200 ml Wasser

1 Lorbeerblatt

120 ml Mandelmilch

1 EL Pfeilwurz

½ TL Meersalz

¼ TL Paprikaflocken

1 TL ital. Kräuter

Petersilie

Parmesan

Zubereitung:

1. Die Auberginen zu Spiralen verarbeiten. Die Nudeln mit dem Salz vermengen. Zusammen in ein Sieb geben und 20 Minuten stehen lassen. Die Nudeln auf Küchentücher geben.

2. Die Nudeln 5 Minuten in Kokosöl braten. Das Öl in einer Pfanne erhitzen. Zwiebel und Parika hineingeben. Beides für 3 Minuten anbraten.

3. Den Knoblauch und die Pilze hinzufügen. Das meiste Wasser in der Pfanne verkochen lassen. Tomaten, Salz und rote Paprikaflocken zugeben und alles 2 Minuten garen lassen.

4. Das Wasser und das Lorbeerblatt zufügen. Den Inhalt der Pfanne 1-2 Minuten köcheln lassen. Pfeilwurz und Milch in einer kleinen Schüssel verrühren. Die Milchmischung, Kohl und Erbsen mit in die heiße Pfanne geben und alles vermengen.

5. Wenn die Sauce andickt, die Pfanne vom Herd nehmen und die Petersilie unterrühren. Die Sauce über die Auberginen-Nudeln gießen. Mit Parmesan als Topping servieren.

KAROTTEN-ZWIEBEL-SPAGHETTI

Zutaten:

2 TL Olivenöl

2 EL Zwiebel

75 g Pilze – Gehackt

¼ TL Meersalz

¾ TL Basilikum – Getrocknet

Prise Pfeffer

3 große Karotten – In Spiralen geschnitten

180 g Marinara-Sauce Eine Handvoll Petersilie – zum Garnieren

Zubereitung:

1. Das Öl in einer großen Pfanne erhitzen. Die Zwiebel hineingeben und für 1-2 Minuten anbraten. Pilze, Basilikum, Salz und Pfeffer hinzufügen. Für 5-6 Minuten garen.

2. Die Karotten zugeben und 1 Minute garen. Die Sauce unterrühren und alles für 6-8 Minuten kochen. Mit Petersilie garnieren.

GEMÜSENUDELN MIT ERDNUSS-SOßE

Zutaten:

2 große Zucchini
2 mittelgroße Möhren
2 rote Zwiebeln
2 Knoblauchzehen
2 EL Sesamöl
3 EL Erdnussmus
60ml Kokosmilch
60g gehackte Erdnüsse
Salz und Pfeffer zum Abschmecken

Zubereitung:

1. Bereiten Sie zunächst die Gemüsespaghetti zu. Schälen Sie hierfür zunächst die Möhren und drehen Sie diese, zusammen mit der Zucchini, so durch den Spiralschneider, dass am Ende Gemüsespaghetti dabei herauskommen.

2. Nun schälen Sie die Zwiebeln und die Knoblauchzehen und schneiden beides in ganz kleine Stücke und braten beides mit dem Sesamöl in einer Pfanne an. Geben Sie nun die restlichen Zutaten, bis auf die gehackten Erdnüsse, mit in die Pfanne und lassen Sie die Soße kurz aufkochen.

3. Abschließend vermengen Sie die Gemüsespaghetti mit der Soße, lassen diese 5 Minuten lang mitkochen und streuen die gehackten Erdnüsse oben drüber.

MÖHRENSPAGHETTI MIT LAUCH UND WALNÜSSEN

Zutaten:

8 große Möhren

4 Lauchzwiebeln

1 große Zwiebel

60g gehackte Walnüsse

2 EL Olivenöl

200ml Sahne

1 TL Thymian

2 TL Curry Pulver

2 TL Paprika Pulver

Salz und Pfeffer zum Abschmecken

Zubereitung:

1. Schälen Sie zunächst die Möhren und drehen Sie diese so durch den Spiralschneider, dass am Ende Möhrenspaghetti herauskommen. Anschließend schälen Sie die Zwiebel, schneiden diese in kleine Stücke und braten Sie zusammen mit dem Olivenöl in der Pfanne an. Nun schneiden Sie die Lauchzwiebeln in Ringe und geben diese zusammen mit der Sahne und den Gewürzen mit in die Pfanne. Lassen Sie die Soße 10 Minuten lang aufkochen.

2. Anschließend geben Sie die Möhrenspaghetti mit zur Soße hinzu, vermengen alles miteinander und lassen die Möhrenspaghetti 4 – 5 Minuten lang in der Soße mitköcheln.

3. Abschließend schmecken Sie alles noch einmal entsprechend der Gewürze ab und streuen die gehackten Walnüsse oben drüber.

MÖHRENSPAGHETTI MIT BOLOGNESE UND PETERSILIE

Zutaten:

12 große Möhren

1000g Hackfleisch halb und halb

2 rote Zwiebeln

2 Knoblauchzehen

200g Cocktailtomaten

200ml Sahne

400g gehackte Tomaten

1 Bund frische Petersilie

4 EL Tomatenmark

2 EL Olivenöl

1 TL Oregano

1 TL Thymian

1 TL Chili

2 TL Paprika Pulver

Salz und Pfeffer zum Abschmecken

Zubereitung:

1. Schälen Sie zunächst die Möhren und drehen Sie diese so durch den Spiralschneider, dass am Ende Möhrenspaghetti bei herauskommen. Nun schälen Sie die Zwiebeln und die Knoblauchzähen, schneiden diese in kleine Stücke und braten diese zusammen mit dem Olivenöl und dem Hackfleisch in einer Pfanne scharf an.

2. Rühren Sie das Tomatenmark unter und geben Sie die Sahne, die gehackten Tomaten und die Gewürze hinzu. Vermengen Sie alles und lassen Sie diese 10 Minuten lang leicht köcheln. Anschließend geben Sie die Möhrenspaghetti hinzu, vermengen diese mit der Soße und lassen Sie 4 Minuten lang leicht mitköcheln.

3. Zwischenzeitlich halbieren Sie die Cocktailtomaten und schneiden die Petersilie in kleine Stücke. Geben Sie die Cocktailtomaten mit zum Essen und streuen Sie die Petersilie oben drüber. Mit Gewürzen abschmecken.

ZUCCHINI-MÖHRENSPAGHETTI MIT HÄHNCHEN UND TOMATE

Zutaten:

2 große Zucchini

2 große Möhren

4 Hähnchenbrustfilets

1 mittelgroße Zwiebel

4 Tomaten

2 EL Olivenöl

3 EL Tomatenmark

100ml Gemüsebrühe

200ml Sahne

60g Parmesan

2 TL Paprika Pulver

1 TL Chili Pulver

Salz und Pfeffer zum Abschmecken

Zubereitung:

1. Schälen Sie zunächst die Möhren und drehen Sie diese, zusammen mit den Zucchini, so durch den Spiralschneider, dass am Ende Gemüsespaghetti dabei herauskommen. Nun schneiden Sie das Fleisch in mundgerechte Stücke und braten diese zusammen mit dem Olivenöl in einer Pfanne scharf an. Nehmen Sie die fertigen Hähnchenstücke aus der Pfanne und stellen Sie diese für später an die Seite.

2. Im Anschluss schälen Sie die Zwiebel, schneiden diese in kleine Stücke und braten Sie in der Pfanne an, welche Sie zuvor nicht ausspülen müssen. Entfernen Sie nun den Strunk der Tomaten und schneiden Sie diese in kleine Stücke, welche Sie zusammen mit der Gemüsebrühe, dem Tomatenmark, der Sahne und den Gewürzen mit in die Pfanne geben. Vermengen Sie die Soße und lassen Sie diese 10 Minuten lang leicht köcheln.

3. Im Abschluss geben Sie das Hähnchenfleisch und die Gemüsespaghetti zur Soße, vermengen alles miteinander und schmecken die Soße abschließend noch einmal ab.

MÖHRENSPAGHETTI MIT HÄHNCHEN UND PORREE

Zutaten:

4 Hähnchenbrustfilets
12 große Möhren
1 Porree
2 Knoblauchzehen
4 EL Olivenöl
2 EL Sojasoße
1 TL Chili Pulver
2 TL Curry Pulver
2 TL Paprika Pulver
Salz und Pfeffer zum Abschmecken

Zubereitung:

1. Schälen Sie zunächst die Möhren und drehen Sie diese so durch den Spiralschneider, dass am Ende Möhrenspaghetti dabei herauskommen. Nun schneiden Sie das Fleisch in mundgerechte Stücke und braten diese zusammen mit dem Olivenöl in einer Pfanne an. Anschließend schälen Sie die Knoblauchzehen und schneiden diese in kleine Stücke, welche Sie mit in die Pfanne geben und kurz mit anbraten.

2. Nun schneiden Sie den Porree in Ringe und geben diese, zusammen mit den restlichen Zutaten, mit in die Pfanne. Schmecken Sie die Soße gut ab, bevor Sie die Möhrenspaghetti hinzugeben.

3. Die Möhrenspaghetti braten Sie abschließend noch 4 Minuten mit an. Lassen Sie es sich schmecken!

MÖHREN-SPAGHETTI MIT ASIATISCHER LAUCHSOßE

Zutaten:

8 große Möhren
1 Porree
2 gelbe Paprika
1 grüne Paprika
2 mittelgroße Zwiebeln
2 Knoblauchzehen
1 daumengroßes Stück Ingwer
2 EL Sojasoße
4 EL Sesamöl
2 TL Paprika Pulver
2 TL Curry Pulver
4 EL Sesam
Salz und Pfeffer zum Abschmecken

Zubereitung:

1. Schälen Sie zunächst die Möhren und drehen Sie diese so durch den Spiralschneider, dass am Ende Möhrenspaghetti herauskommen. Nun schneiden Sie den Porree in Ringe und entkernen die Paprika, welche Sie anschließend in mundgerechte Stücke schneiden.

2. Schälen Sie anschließend die Zwiebeln, den Knoblauch und den Ingwer und schneiden Sie alles in ganz kleine Stücke, welche Sie zusammen mit dem Sesamöl in der Pfanne anbraten. Anschließend geben Sie die Möhrenspaghetti hinzu und braten diese in der Pfanne scharf an, so dass sie leicht weich werden.

3. Nun geben Sie die Sojasoße und die Gewürze mit hinzu. Erwärmen Sie alles miteinander und schmecken Sie die Möhrenspaghetti entsprechend nach Ihrem Geschmack und den Gewürzen ab. Abschließend streuen Sie den Sesam oben drüber.

KAROTTENPASTA MIT KNOBLAUCH-SAUCE

Zutaten:

1 große Karotte – In Spiralen geschnitten
1 EL Tahini
1 EL Walnussöl
3 EL Zitronensaft
1 TL Ingwer – Gerieben
1 kleine Knoblauchzehe – Gerieben
Eine Handvoll Petersilie – Gehackt,
Topping Sesamsamen - Topping Pinienkerne -

Zubereitung:

1. Alle Zutaten für die Sauce miteinander vermischen. Die Karotten zu Spiralen schneiden.
2. Die Sauce über die Karotten geben und mit ihnen vermengen. Mit den Toppings bestreuen und über Nacht in den Kühlschrank stellen.

GLASNUDEL-GURKENSPAGHETTI-SALAT MIT SESAM UND MINZE

Zutaten:

200g Glasnudeln

2 große Salatnudeln

4 EL Sojasauce

Saft von 2 Limetten

2 EL Olivenöl

1 Bund frische Minze

2 EL Sesam

1 TL Chili

1 TL Honig

Salz und Pfeffer zum Abschmecken

Zubereitung:

1. Garen Sie zunächst die Glasnudeln nach Packungsanweisung. Zwischenzeitlich drehen Sie die Gurken so durch den Spiralschneider, dass am Ende Gurkenspaghetti dabei herauskommen. Vermengen Sie die fertigen Glasnudeln mit den Gurkenspaghetti.

2. Nun vermengen Sie die Sojasauce mit dem Olivenöl, dem Limettensaft, den Honig und den Gewürzen und geben dieses über den Salat.

3. Abschließend zerrupfen Sie die Minze und geben diese, zusammen mit dem Sesam, über den Salat.

GURKENSPAGHETTI MIT JOGHURTDRESSING

Zutaten:

4 große Salatgurken
1 mittelgroße Zwiebel
350g Naturjoghurt, fettarm
3 EL Zitronensaft
1 TL Dill
1 Bund frische Petersilie
Salz und Pfeffer zum Abschmecken

Zubereitung:

1. Drehen Sie zunächst die Gurken so durch den Spiralschneider, dass am Ende Gurkenspaghetti bei herauskommen, welche Sie in eine ausreichend große Salatschüssel geben. Anschließend schälen Sie die Zwiebel und schneiden diese in ganz kleine Stücke. Die Petersilie hacken Sie klein und verrühren diese, zusammen mit der Zwiebel und den restlichen Zutaten, zum Joghurtdressing, welches Sie kräftig mit Salz und Pfeffer abschmecken.

2. Abschließend geben Sie das Dressing zu den Gurkenspaghetti hinzu und vermengen alles miteinander.

GURKENSPAGHETTI MIT WASSERMELONEN-SCHAFSKÄSE-TOPPING

Zutaten:

4 große Salatgurken
½ Wassermelone
250g Schafskäse
Saft von 2 Limetten
2 EL Olivenöl
1 Bund frische Minze
Salz und Pfeffer zum Abschmecken

Zubereitung:

1. Drehen Sie zunächst die Gurken so durch den Spiralschneider, dass am Ende Gurkenspaghetti bei herauskommen, welche Sie in eine ausreichend große Salatschüssel geben. Anschließend schneiden Sie die Wassermelone in mundgerechte Stücke und den Schafskäse in kleine Würfel. Geben Sie beides zu den Gurkenspaghetti, bevor Sie das Dressing zubereiten.

2. Für das Dressing vermengen Sie die restlichen Zutaten, bis auf die Minze, miteinander und geben diese über den Salat. Die Minze zerrupfen Sie und verteilen Sie abschließend über dem Salat.

GURKENSALAT MIT SCHAFSKÄSE UND OLIVEN

Zutaten:

4 große Gurken
1 gelbe Paprika
350g Cocktailtomaten
1 rote Zwiebel
250g Schafskäse
20 Oliven, kernlos
3 EL Olivenöl
1 TL Essig
1 TL Oregano
Salz und Pfeffer zum Abschmecken

Zubereitung:

1. Drehen Sie zunächst die Gurken so durch den Spiralschneider, dass am Ende Gurkenspaghetti herauskommen. Diese geben Sie in eine ausreichend große Salatschüssel und bereiten die restlichen Zutaten zu. Entkernen Sie zunächst die Paprika und schneiden Sie diese in kleine Stücke. Die Tomaten halbieren Sie und die Zwiebel schälen Sie und schneiden Sie anschließend in kleine Stücke. Das Gemüse geben Sie zu den Gurkenspaghetti und vermengen alles miteinander.

2. Halbieren Sie nun die Oliven, geben Sie diese zum Salat und zerbröseln Sie den Schafskäse über dem Salat. Nun vermengen Sie das Olivenöl, den Essig und den Oregano miteinander, geben ihn über den Salat und schmecken diesen noch einmal mit etwas Salz und Pfeffer ab.

GURKEN-NUDELN MIT SPARGEL

Zutaten:

3 kleine Frühlings-zwiebeln – Fein geschnitten

5 cm großes Stück Ingwer – Frisch, geschält, gerieben

1 TL Sesamöl – Geröstet

2 EL Olivenöl

1 ½ EL Kokosnuss oder Sojasauce

1/8 TL rote Paprikaflocken

Prise Meersalz

1 Bund Spargel – Enden abgeschnitten, in 5cm große Stücke geschnitten

2 Salatgurken– Geschält

2 EL Sesamsamen zum Garnieren

Zubereitung:

1. In einer großen Rührschüssel Frühlingszwiebeln, Sesamöl, Ingwer, Olivenöl, rote Paprikaflocken und KokosnussAminosäuren verrühren. Eine Prise Salz hinzufügen und die Mischung beiseite stellen.

2. Die Gurken zu Spiralen verarbeiten. Einen Topf voll Salzwasser zum Kochen bringen. Die Spargelstangen blanchieren bis sie knackig sind. Das braucht ca. 2 Minuten.

3. Den Spargel abtropfen und abschrecken. Die Gurken-Spiralen mit der Ingwer-Sauce vermischen und den blanchierten Spargel hinzufügen. Alles sanft verrühren, um es zu vermengen.

4. Das Ergebnis mit gerösteten Sesamsamen bestreuen.

GURKEN-ZITRONEN-NUDELN

Zutaten:

1 Salatgurke

1 Zitrone – Saft und Schale

1 EL Meersalz

1 TL Kreuzkümmel

Zubereitung:

1. Mit einem Spiralschneiden Nudeln aus der Salatgurke machen. Die Gurkenspiralen in eine Schüssel geben und mit dem Zitronensaft, Kreuzkümmel und Meersalz mischen.

2. Alles in eine Schale umfüllen und mit Zitronenschale garnieren.

MINZ-GURKEN-NUDELN

Zutaten:

Zutaten für das Dressing:

2 EL Olivenöl

1 EL Walnussöl

4-5 EL Zitronensaft

1 TL Tamari

½ TL Ingwer – Gerieben

Prise Pfeffer

Prise Chiliflocken

Zutaten für die Nudeln:

½ große Salatgurke

Eine Handvoll frische Minze

1 Frühlingszwiebel – Fein geschnitten

2 EL Sesamsamen

Zubereitung:

1. Um das Dressing zuzubereiten, alle Zutaten dafür in einer kleinen Rührschüssel vermischen und beiseite stellen. Die Minze in kleine Stückchen reißen und die Frühlingszwiebeln vorbereiten.

2. Die Nudeln durch das Schneiden in Spiralen herstellen. Die Minze, Nudeln und die Frühlingszwiebeln in eine große Schüssel geben und das Dressing darüber gießen.

3. Alles sanft vermengen. Mit Sesamsamen als Topping servieren.

GURKEN-NUDELN MIT ERDBEEREN

Zutaten:

1 mittlere bis große Salatgurke – In Spiralen geschnitten
8 mittelgroße Erdbeeren – geviertelt
2 EL Balsamicoessig
1 1/3 EL Natives Olivenöl Extra
1 EL Dijon-Senf
Prise Meersalz
Prise Pfeffer
1 Zitrone

Zubereitung:

1. Die Gurke zu Spiralen schneiden. Die Spiralen in eine Schüssel auf Küchentücher geben. Mit einer Küchenmaschine Erdbeeren, Olivenöl, Balsamico, Senf und die Gewürze pürieren.
2. Die Küchentücher vom Boden der Schüssel mit den Gurken entfernen. Die Zitrone halbieren. Den Saft einer Hälfte in die Schüssel geben. Alles gut vermengen.
3. Die Gurken-Nudeln auf Schalen verteilen. Ein paar Esslöffel der Vinaigrette darüber geben und mit Zitronenscheiben garnieren.

PALEO GURKENSALAT

Zutaten:

Zutaten für die Sauce:
160 g Mango – Tiefgekühlt oder frisch
¾ EL Mayo
2 EL Honig
8-10 Tropfen Siriacha
1 TL Zitronensaft

Extra-Zutaten:
2-3 Salatgurken – In Spiralen geschnitten
Eine Handvoll Koriander
75 g Cashewnüsse – Gehackt

Zubereitung:

Die Gurke zu Spiralen verarbeiten. Die Zutaten für die Sauce miteinander vermischen. Die Sauce über das Gemüse gießen.

SÜßKARTOFFEL-SPAGHETTI MIT RINDERBOLOGNESE

Zutaten:

4 große Süßkartoffel
400g Rinderhack
2 Zwiebel
2 Knoblauchzehen
2 mittelgroße Möhren
400ml passierte Tomaten
4 EL Olivenöl
1 Bund frischer Basilikum
1 TL Oregano
1 TL Thymian
2 TL Paprika Pulver
Salz und Pfeffer zum Abschmecken

Zubereitung:

1. Drehen Sie zunächst die Zucchini so durch den Spiralschneider, dass am Ende Zucchinispaghetti dabei herauskommen. Anschließend schälen Sie die Zwiebeln, den Knoblauch und die Möhren, schneiden diese klein und braten Sie zusammen mit dem Olivenöl und dem Rinderhack in einer Pfanne an.

2. Geben Sie nun die passierten Tomaten und die Gewürze mit hinzu und lassen Sie die Soße 10 Minuten lang aufkochen. Geben Sie nun die Süßkartoffelspaghetti mit zur Tomatensoße und lassen Sie diese 5 Minuten lang mitkochen.

3. Abschließend schmecken Sie die Soße noch einmal entsprechend der Gewürze ab. Zerrupfen Sie nun den Basilikum und geben Sie diesen oben drüber.

SÜßKARTOFFEL-SPAGHETTI MIT AGLIO E OLIO

Zutaten:

3 große Süßkartoffeln

2 rote Zwiebeln

4 Knoblauchzehen

4 EL Olivenöl

2 TL Paprika Pulver

2 Bund frische Petersilie

Salz und Pfeffer zum Abschmecken

Zubereitung:

1. Bereiten Sie zunächst die Süßkartoffelspaghetti zu. Schälen Sie hierfür zunächst die Süßkartoffeln und drehen Sie diese so durch den Spiralschneider, dass am Ende Gemüsespaghetti dabei herauskommen. Geben Sie nun die Süßkartoffelspaghetti 5 – 6 Minuten lang in kochendes und gesalzenes Wasser und bereiten Sie zwischenzeitlich die Soße zu.

2. Für die Soße schälen Sie die Zwiebeln und die Knoblauchzehen, schneiden diese in ganz kleine Stücke und braten sie zusammen mit dem Olivenöl in der Pfanne an. Geben Sie nun die fertigen Süßkartoffelspaghetti und das Paprika Pulver mit in die Pfanne, vermengen Sie alles miteinander und schmecken Sie die Spaghetti noch einmal mit etwas Salz und Pfeffer ab. 3. Abschließend können Sie die Petersilie klein schneiden und über das Essen streuen.

SÜßKARTOFFEL-NUDEL-WAFFELN

Zutaten:

1 mittlere Süßkartof-
fel – Geschält
1 TL Lebkuchenge-
würz
1 mittelgroßes Ei –
geschlagen
Kochspray oder Spei-
seöl (zum Einfetten)
1 EL Ahornsirup

Zubereitung:

1. Das Waffeleisen aufheizen. Die
Süßkartoffel-Nudeln in die Pfanne geben und etwa 10 Minuten garen. Die
Nudeln in eine Schüssel geben und
das Lebkuchengewürz zufügen, dann
beides miteinander vermischen.
2. Das Ei hinzufügen und unterrühren. Das Waffeleisen einsprühen oder
mit Öl einfetten und die Nudeln ein-
füllen. Die Waffel entsprechend der
Anleitung zum Gerät zubereiten.
3. Mit Sirup servieren.

SÜßKARTOFFEL-HOT DOGS

Zutaten:

2 mittelgroße Süß-kartoffeln – Geschält

3 EL Ghee

1 TL Salz

8 Hot Dogs – halbiert (ersatzweise Bock-wurst)

2 EL Sonnenblumen-kerne – Als Augen

Zubereitung:

1. Den Backofen auf 200°C vorheizen. Die Süßkartoffeln zu Spiralen verarbeiten. Ein Rost mit geschmolzenem Ghee einfetten.

2. Die Süßkartoffeln zerhacken und in eine große Schüssel geben. Die Hot Dogs mit den Süßkartoffeln umwi-ckeln.

3. Die Hot Dogs 20 Minuten im Ofen backen bis die Süßkartoffeln ge-bräunt sind. Die Kerne wie Augen in die Hot Dogs drücken.

BISON-FRIKADELLEN MIT NUDELN

Zutaten:

Zutaten für die Frikadellen:

2 EL gehärtetes Speisefett

½ gelbe Zwiebel – Gehackt

3 Knoblauchzehen – Gehackt

1 TL Ingwer – Gerieben

1 kg Bison – gehackt (ersatzweise Rinderhack nehmen)

1 EL Thymian

½ TL Meersalz

Saft 1 mittleren Orange

60 g Kokosnuss-oder Sojasauce

Zutaten für die Süßkartoffel-Nudeln:

1 große Süßkartoffel

2 EL Speisefett

¼ TL Meersalz

Zubereitung:

1. Die Hälfte des Fetts in einer Pfanne auf mittlerer Stufe erhitzen. Eine Zwiebel hineingeben und für 8 Minuten braten. Den Knoblauch und den Ingwer hinzufügen, für eine Minute anbraten.

2. Die Pfanne vom Herd nehmen und die Zwiebelmischung in eine Schale füllen. Die Schale beiseite stellen. Die Mischung zum Bison-Hack dazugeben und mit dem Thymian sowie dem Salz vermengen.

3. Aus der Fleischmasse Frikadellen formen. Das restliche Fett in die Pfanne geben und die Frikadellen darin anbraten bis sie braun werden. Für 10 Minuten garen. Nun den Orangensaft und die Kokosnuss-Aminosäuren zufügen. Bedeckt 10 Minuten lang kochen.

4. Die Pfanne vom Herd nehmen und beiseite stellen. Den Saft in der Pfanne lassen und bei mittlerer Hitze kochen. Die Flüssigkeit bis auf die Hälfte reduzieren.

5. Die Süßkartoffel zu Spiralen schneiden. Die Hälfte des Speisefetts in der Pfanne auf mittlerer Stufe erhitzen. Die Hälfte der Spiralen hineingeben und 10 Minuten garen lassen. Nicht zu oft umrühren.

6. Die andere Hälfte in die Pfanne geben und die restlichen Kartoffeln zubereiten.

BUFFALO-HÄHNCHEN MIT PASTA

Zutaten:

120 g Schlagsahne

1 EL Butter

4 TL Speisestärke

2 EL beliebige Pfeffersauce

Prise Salz

Prise Pfeffer

¼ TL Knoblauchpulver

½ TL Chilipulver

500 g Hähnchen

3 Süßkartoffeln – In Spiralen geschnitten

3 EL Öl

Zubereitung:

1. Butter, Sahne, Stärke, Pfeffersauce, Pfeffer, Salz, Knoblauchpulver und Chilipulver in einer Pfanne vermischen und erhitzen bis es sämig ist. Währenddessen die ganze Zeit rühren. Das Hähnchen pochieren oder in einer Pfanne garen.

2. Süßkartoffeln zu Spiralen verarbeiten. Das Öl auf mittlerer Stufe in einer Pfanne erhitzen. Die Süßkartoffel-Nudeln hinzugeben.

3. Die Nudeln kochen bis sie fertig gegart sind. Nudeln, Sauce und das Hähnchen miteinander vermischen.

SÜßKARTOFFEL-PASTA MIT KÄSE

Zutaten:

2 große Süßkartof-
feln – Geschält
150 g Feigen – Ge-
trocknet, in 2 cm
große Quadrate ge-
schnitten
120 g Prosciutto – In
2 cm große Quadrate
geschnitten
140 g Mandeln – ge-
hackt
120 g krümeliger Zie-
genkäse
½ TL Meersalz
½ EL Olivenöl
2 EL Wasser

Zubereitung:

1. Die Enden der Süßkartoffeln abschneiden und Süßkartoffeln zu Spiralen verarbeiten. Den Prosciutto in
Streifen schneiden. Die getrockneten
Feigen in dünne Scheiben schneiden.
2. Die Pfanne mit dem Olivenöl auf
mittlere Hitze stellen. Die Süßkartoffel-Nudeln hineingeben und sie mit
Meersalz würzen. 5-7 Minuten garen
lassen.
3. Die Nudeln auf einen Teller füllen.
In dieselbe Pfanne bei mittlerer Hitze
den geschnittenen Prosciutto geben
und 3 Minuten braten. Nach der
Hälfte der Zeit wenden. Die Feigen
und Mandeln hinzugeben und 3 Minuten garen.
4. Die ½ des Ziegenkäses und das
Wasser zugeben. Alles verrühren, um
den Käse zum Schmelzen zu bringen.
Die Pfanne vom Herd nehmen.
5. Das Essen mit dem restlichen Zie-
genkäse garniert servieren.

SÜßKARTOFFEL-MAKKARONI

Zutaten:

1 große Süßkartoffel
– Geschält, in Spiralen geschnitten
2 EL Butter
1 EL Kokosmehl
90 ml Mandelmilch
50 g Cheddar (durchaus intensiven nehmen)
25 g Parmesan

Zubereitung:

1. Die Kartoffel-Nudeln mit einer Schere zu Halbmonden schneiden. Eine große Pfanne mit Kochspray oder Öl benetzen und die Nudeln hineingeben. 5-7 Minuten garen.

2. Die Butter in eine große Pfanne geben und schmelzen lassen. Das Kokosmehl hinzugeben und beides miteinander verquirlen.

3. Die Mandelmilch dazu gießen und wiederum verquirlen bis es sämig ist. Sobald die Sauce sämig ist, den Käse hinzugeben und rühren, um alles zu vermischen.

4. Wenn nötig mehr Milch hinzugeben.

KNUSPRIGE NUDELN PALEO STYLE

Zutaten:

1 große (innen) weiße Süßkartoffel – Geschält, in Spiralen geschnitten (erkennt man von außen an der violett-rötlichen Farbe und eher unförmigen Form)

3 EL Kokosöl – Zerlassen

½ TL Meersalz

½ TL Pfeffer

Zubereitung:

Den Ofen auf 190°C vorheizen. Die Süßkartoffel durch Rühren mit Kokosöl und den Gewürzen bedecken. Für 35 Minuten im Ofen backen.

SÜßKARTOFFEL-NUDELN

Zutaten:

2 große Süßkartoffeln

1 große Portion Kohl

Eine Handvoll Petersilie – Frisch, gehackt

3 EL Pinienkerne – Leicht geröstet

1 große Knoblauchzehe – Geschält, gehackt

1 EL Zitronensaft

Prise rote Paprikaflocken

¼ TL Meersalz – fein

2 EL Natives Olivenöl Extra

2 EL zurückbehaltenes Kochwasser

25 g Pecorino Romano-Käse – Gerieben

Zubereitung:

1. Die Süßkartoffeln waschen und schälen. Zu Spiralen verarbeiten. Das grüne Gemüse waschen und klein schneiden, eine Handvoll davon zur Seite legen. Das Gemüse in einem großen Topf kochendem gesalzenen Wasser für ca. 2 Minuten blanchieren.

2. Petersilie, Knoblauch, Kerne, Zitronensaft, Salz und die roten Paprikaflocken in einem Mixer vermischen. Das Gemüse herausnehmen und abtropfen lassen, außerdem sachte ausdrücken, um weiteres Wasser zu entfernen. Dann in eine Küchenmaschine geben. Das Olivenöl hinzugeben und alles pürieren bis eine glatte Masse entsteht.

3. Das Wasser wieder zum Kochen bringen und die Kartoffelnudeln darin blanchieren bis sie etwas weich geworden sind. (1-2 Minuten) Die Süßkartoffeln und das grüne Gemüse mit dem Pesto vermengen und das Ergebnis mit Pecorino Romano garnieren.

APFEL-STRAUBEN

Zutaten:
2 mittlere Granny Smith Äpfel – In Spiralen geschnitten
90 g Tapiokastärke
Backfett zum Ausbacken
75 g Kokoszucker
1 EL gemahlener Zimt

Zubereitung:
1. Zucker und Zimt in einer kleinen Rührschüssel miteinander vermengen und zur Seite stellen. Spiralen aus den Äpfeln schneiden. Die Äpfel mit Stärke ummanteln.
2. Die Äpfel in ein Sieb füllen und sanft schütteln. Das Backfett in einen Bräter geben und auf 190°C erhitzen. Die ½ der Äpfel in den Bräter geben und eine straubenartige Form kreieren.
3. Für 1 Minute braten und dann für 30 Sekunden umdrehen. Aus dem Öl nehmen und auf Küchentücher legen. Den Strauben mit dem Zimt-Zucker-Gemisch bestreuen.
4. Mit den restlichen Äpfeln die Prozedur wiederholen.

APFEL-MÖHRENSALAT MIT SPECK UND SCHAFSKÄSE

Zutaten:

4 große Möhren

2 Kohlrabi

2 Äpfel

1 große Zwiebel

250g gewürfelter Speck

250g Schafskäse

2 EL Olivenöl

100ml Gemüsebrühe

100ml Sahne

1 TL Paprika Pulver

1 TL Oregano

Salz und Pfeffer zum Abschmecken

Zubereitung:

1. Schälen Sie zunächst die Möhren, die Kohlrabi und die Äpfel. Die Äpfel entkernen Sie und drehen das Obst und Gemüse so durch den Spiralschneider, dass am Ende Gemüse- und Obstspaghetti herauskommen. Nun schälen Sie die Zwiebel, schneiden diese in kleine Stücke und braten beides zusammen mit dem Olivenöl in einer Pfanne an.

2. Geben Sie nun die Gemüsebrühe, die Sahne und die Gewürze hinzu und lassen Sie die Soße kurz aufkochen. Geben Sie nun die Gemüse- und Obstspaghetti mit zur Soße und lassen Sie diese 4 Minuten lang mitkochen.

3. Abschließend schmecken Sie alles noch einmal entsprechend der Gewürze ab und zerbröseln den Schafskäse oben drüber.

ASIATISCHE PFANNE MIT PASTINAKEN-SPAGHETTI

Zutaten:

12 mittelgroße Pastinaken

2 Mittelgroße Möhren

1 mittelgroße Paprika

1 Porree

2 EL Olivenöl

4 EL Sojasoße

2 TL Knoblauch Pulver

1 TL Zwiebel Pulver

1 TL Ingwer

1 TL Chili Pulver

4 EL Sesam

Salz und Pfeffer zum Abschmecken

Zubereitung:

1. Schälen Sie zunächst die Pastinaken und drehen Sie diese so durch den Spiralschneider, dass am Ende Gemüsespaghetti dabei herauskommen. Nun schälen Sie die Möhren und die Zwiebeln, schneiden diese in kleine Stücke und braten sie in der Pfanne mit dem Olivenöl an. Geben Sie anschließend die Gemüsespaghetti hinzu und braten Sie diese mit an, bis sie bissfest sind.

2. Entkernen Sie nun die Paprika und schneiden diese in schmale Streifen. Folgend vermengen Sie die Sojasoße mit dem Sesamöl und den Gewürzen und geben diese, zusammen mit der Paprika, mit in die Pfanne. Vermengen Sie alles miteinander und braten Sie es bei Bedarf noch einmal 2 Minuten scharf an.

3. Abschließend können Sie alles noch einmal entsprechend der Gewürze abschmecken und den Sesam oben drüberstreuen.

KNOBLAUCH-PASTINAKEN-NUDELN

Zutaten:

6 mittlere Pastinaken
– Geschält, geschnitten
3 EL Natives Olivenöl Extra
3 EL Kokosnuss- oder Sojasauce
2 EL Fischsauce
Der Saft 1 großen Limette
1 ½ TL Knoblauchpulver
1 EL Ingwer
4 Frühlingszwiebeln
– Gehackt
2 EL Kokosöl

Zubereitung:

1. Die Pastinaken zu Spiralen verarbeiten. Das Dressing zubereiten durch Vermischen von Olivenöl, Fischsauce, Kokosnuss-Aminosäuren, Knoblauch, Limettensaft und Ingwer.
2. Die Pastinaken- Nudeln mit in die Schüssel geben. Alles vermengen. Das Gericht auf Teller aufteilen und mit Frühlingszwiebeln garnieren.

SCHWEINEMEDAILLONS AUF GEMÜSE-NUDELN

Zutaten:

300 g Schweinslunge
1 Rote Beete
1 Zucchini, mittelgroß
1 Sellerieknolle, klein
1 Zwiebel, fein gehackt
200 ml Schlagsahne
1 EL Öl
Salz, Pfeffer

Zubereitung:

1. Das Backrohr auf 180 Grad vorheizen. Die Rote Beete und die Sellerieknolle schälen und durch den Spiralschneider drehen. Die Zucchini waschen und durch den Spiralschneider drehen. Die Gemüse-Nudeln in einer Auflaufform verteilen, salzen und pfeffern und im Backrohr garen lassen.

2. Die Schweinslunge in 6 gleich große Stücke schneiden, salzen und pfeffern. In einer Pfanne das Öl erhitzen und die Medaillons auf jeder Seite anbraten. Herausnehmen und über die Gemüse-Nudeln anrichten. Im Backrohr weiter garen lassen.

3. In der Pfanne die fein gehackte Zwiebel anrösten, mit der Schlagsahne ablöschen und kurz einkochen lassen. Nach Bedarf würzen. Die Sauce über die Medaillons und Gemüse-Nudeln verteilen und sofort servieren.

ROTE-BEETE-SPAGHETTI MIT SESAMMUSS

Zutaten:

4 Rote Beete
2 rote Zwiebeln
2 Knoblauchzehen
2 Frühlingszwiebeln
Saft von 2 Limetten
6 EL Sesammuss
4 EL weißer Sesam
4 EL Olivenöl
2 EL Sesamöl
1 TL Chili
2 TL Paprika Pulver
2 TL Curry Pulver
2 Bund frische Petersilie
Salz und Pfeffer zum Abschmecken

Zubereitung:

1. Schälen Sie zunächst die Rote Beete und drehen Sie diese so durch den Spiralschneider, dass am Ende Rote-Beete-Spaghetti dabei herauskommen. Anschließend schälen Sie die Zwiebeln und die Knoblauchzehen, schneiden diese in kleine Stücke und braten Sie zusammen mit dem Sesamöl in einer Pfanne an.

2. Folgend vermengen Sie das Olivenöl, den Limettensaft, das Sesammuss und die Gewürze miteinander und geben die Soße mit in die Pfanne, wo Sie diese kurz erwärmen. Geben Sie nun die Rote Beete hinzu, vermengen Sie diese mit der Soße und braten Sie beides zusammen 4 Minuten lang.

3. Abschließend schneiden Sie die Frühlingszwiebeln in Ringe, die Petersilie in kleine Stücke und geben abschließend beides über die Rote-Beete Spaghetti. Sie können das Essen nun noch einmal entsprechend der Gewürze abschmecken.

ROTE-BEETE-SPAGHETTI MIT HONIG-SENF-SOßE UND WALNÜSSEN

Zutaten:

4 große Rote Beete
250g Schafskäse
60g gehackte Walnüsse
4 EL Olivenöl
2 TL Honig
1 TL Senf
1 TL Thymian
Saft von 1 Zitrone
1 Zweig Rosmarin
Salz und Pfeffer zum Abschmecken

Zubereitung:

1. Schälen Sie zunächst die Rote Beete und drehen Sie diese so durch den Spiralschneider, dass am Ende Rote-Beete-Spaghetti dabei herauskommen. Nun geben Sie die Rote-Beete-Spaghetti mit 1 EL Olivenöl in die Pfanne und braten Sie etwa 4 Minuten lang an. Anschließend vermengen Sie das restliche Olivenöl mit dem Honig, dem Senf, dem Thymian, dem Zitronensaft und dem Rosmarin zu einem Dressing und geben dieses über die Rote Beete.

2. Folgend zerbröseln Sie den Schafskäse und geben diesen zusammen mit den Walnüssen über die Rote-Beete-Spaghetti, bevor Sie alles noch einmal mit etwas Salz und Pfeffer gut abschmecken.

ROTE-BEETE-SPAGHETTI MIT AVOCADO-PESTO UND SCHAFSKÄSE

Zutaten:

4 große Rote Beete

1 rote Zwiebel

2 Knoblauchzehen

2 reife Avocados

250g Schafskäse

6 EL Olivenöl

Saft von 2 Zitronen

Salz und Pfeffer zum Abschmecken

Zubereitung:

1. Schälen Sie zunächst die Rote-Beete und drehen Sie diese so durch den Spiralschneider, dass Rote-Beete-Spaghetti dabei herauskommen. Nun schälen Sie die Zwiebeln und den Knoblauch und schneiden beides in ganz kleine Stücke, welche Sie in eine Schale geben.

2. Geben Sie die Avocado, das Olivenöl und den Zitronensaft mit in das Schälchen und vermengen Sie alles zu einem Pesto.

3. Anschließend geben Sie das Avocado-Pesto zu den Rote-Beete-Spaghetti, vermengen alles miteinander und zerbröseln den Schafskäse darüber. Sie können nun noch einmal alles mit etwas Salz und Pfeffer abschmecken.

ROTE-BEETE-SPAGHETTI MIT SCHAFSKÄSE UND HONIG-SENF-DRESSING

Zutaten:

4 große Rote Beete
250g Schafskäse
4 Knoblauchzehen
4 EL Olivenöl
Saft von 1 Zitrone
2 TL Honig
1 TL Senf
Salz und Pfeffer zum Abschmecken

Zubereitung:

1. Schälen Sie zunächst die Rote Beete und drehen Sie diese so durch den Spiralschneider, dass am Ende Rote-Beete-Spaghetti dabei herauskommen. Anschließend schälen Sie die Knoblauchzehen und braten diese mit 2 EL Olivenöl in einer Pfanne an. Nun geben Sie die Rote-Beete hinzu und braten diese 4 Minuten lang mit in der Pfanne an, dabei die Rote-Beete-Spaghetti weich werden.

2. Anschließend zerbröseln Sie den Schafskäse und streuen diesen über die Rote Beete. Nun vermengen Sie den Zitronensaft mit dem Honig, dem Senf und dem restlichen Olivenöl. Geben Sie das Dressing über den Salat und schmecken Sie diesen abschließend mit etwas Salz und Pfeffer ab.

ROTE-BEETE-SPAGHETTI MIT PAPRIKASOße

Zutaten:

4 große Rote Beete
3 gelbe Paprika
2 Zwiebeln
250ml Gemüsebrühe
2 Bund frische Petersilie
2 EL Olivenöl
1 TL Oregano
2 TL Paprika Pulver
2 TL Curry Pulver
1 Messerspitze Muskat
Salz und Pfeffer zum Abschmecken

Zubereitung:

1. Schälen Sie zunächst die Rote Beete und drehen Sie diese so durch den Spiralschneider, dass am Ende Rote-Beete-Spaghetti herauskommen. Anschließend schälen Sie die Zwiebeln und schneiden diese in Ringe, welche Sie mit dem Olivenöl zusammen anbraten. Entkernen Sie nun die Paprika und schneiden Sie diese in mundgerechte Stücke. Geben Sie diese zusammen mit der Gemüsebrühe und den Gewürzen mit in die Pfanne und lassen Sie alles zusammen 12 Minuten leicht köcheln.

2. Abschließend geben Sie die Rote-Beete-Spaghetti hinzu und lassen diese 4 Minuten lang mitkochen. In der Zwischenzeit können Sie die Petersilie klein schneiden und diese zum Abschluss oben drüberstreuen. Lassen Sie es sich schmecken!

ROTE-BEETE-SPAGHETTI MIT TOFU-SAHNESOßE

Zutaten:

4 große Rote Beete
1 große Zwiebel
2 Knoblauchzehen
150ml Gemüsebrühe
250ml Sahne
250g Räuchertofu
1 EL Olivenöl
2 TL Paprika Pulver
2 TL Curry Pulver
1 Bund frische Petersilie
Salz und Pfeffer zum Abschmecken

Zubereitung:

1. Schälen Sie zunächst die Rote Beete und drehen Sie diese so durch den Spiralschneider, dass am Ende Rote-Beete-Spaghetti dabei herauskommen. Nun schälen Sie die Zwiebel und den Knoblauch, schneiden den Tofu in Würfel und braten alles zusammen mit dem Olivenöl in einer Pfanne an.
2. Geben Sie anschließend die Gemüsebrühe, die Sahne und die Gewürze hinzu und lassen Sie die Soße 10 Minuten lang leicht köcheln. Abschließend geben Sie die Rote-Beete-Spaghetti hinzu, lassen diese 4 Minuten lang mitkochen und schmecken alles noch einmal mit den Gewürzen ab.
3. Schneiden Sie nun noch die Petersilie klein und streuen Sie diese oben drüber.

KOHLRABI-SPAGHETTI MIT WALNÜSSEN UND SCHAFSKÄSE

Zutaten

2 große Kohlrabi
2 grüne Äpfel
2 rote Zwiebeln
200g Schafskäse
40g gehackte Walnüsse
4 EL Olivenöl
1 TL Senf
1 TL Knoblauch Pulver
Saft von 2 Zitronen
Salz und Pfeffer zum Abschmecken

Zubereitung:

1. Schälen Sie zunächst die Kohlrabi und die Äpfel. Folgend entkernen Sie die Äpfel und drehen diese, wie den Kohlrabi, durch den Spiralschneider, damit am Ende Spaghetti herauskommen. Geben Sie beides zusammen 3 Minuten lang in kochendes Wasser. Nun schälen Sie die Zwiebeln und schneiden diese in kleine Stücke, welche Sie zusammen mit dem Olivenöl in der Pfanne anbraten.

2. Geben Sie nun noch den Senf, das Knoblauch Pulver und den Zitronensaft hinzu und vermengen Sie alles zu einem Dressing, welches Sie über die Spaghetti geben.

3. Abschließend schmecken Sie alles mit etwas Salz und Pfeffer ab, zerbröseln den Schafskäse oben drüber und streuen die Walnüsse drüber.

KOHLRABISPAGHETTI MIT TOMATEN-SPINATSOßE UND PARMESAN

Zutaten:

4 große Kohlrabi
2 rote Zwiebeln
1 mittelgroße Möhre
4 Knoblauchzehen
3 Handvoll frischer Spinat
150g Cocktailtomaten
600ml passierte Tomaten
60g geriebener Parmesan
2 EL Olivenöl
2 TL Oregano
1 TL Thymian
2 TL Paprika Pulver
Salz und Pfeffer zum Abschmecken

Zubereitung:

1. Schälen Sie zunächst die Kohlrabi und drehen Sie diese so durch den Spiralschneider, dass am Ende Kohlrabispaghetti herauskommen. Anschließend schälen Sie die Zwiebeln, die Möhre und die Knoblauchzehen, schneiden alles in kleine Stücke und braten diese zusammen mit dem Olivenöl in einer Pfanne an.

2. Geben Sie nun den Spinat hinzu und erwärmen Sie diesen bis er weich wird und etwas einfällt. Folgend geben Sie die passierten Tomaten und die Gewürze hinzu und lassen die Soße etwa 10 Minuten lang aufkochen. Im Anschluss können Sie die Kohlrabispaghetti mit zur Tomatensoße geben und diese 4 Minuten lang mitkochen.

3. Halbieren Sie nun noch die Cocktailtomaten und geben Sie diese, zusammen mit dem Parmesan, über die fertigen Kohlrabispaghetti.

KOHLRABISPAGHETTI MIT SCHAFSKÄSE UND COCKTAILTOMATEN

Zutaten:

4 große Kohlrabi
1 rote Zwiebel
2 Knoblauchzehen
350g Cocktailtomaten
250g Schafskäse
1 Bund frische Petersilie
1 Bund frischer Schnittlauch
4 EL Olivenöl
1 TL Essig
1 TL Oregano
1 TL Chili
Salz und Pfeffer zum Abschmecken

Zubereitung:

1. Schälen und schneiden Sie die Kohlrabi in dicke Stifte, welche Sie durch den Spiralschneider drehen, damit Kohlrabispaghetti entstehen. Halbieren Sie die Cocktailtomaten und schneiden Sie die Petersilie und den Schnittlauch in kleine Stücke.

2. Anschließend schälen Sie die Zwiebel und die Knoblauchzehen, schneiden beides in kleine Stücke und braten diese zusammen mit dem Olivenöl in der Pfanne an. Geben Sie die Kohlrabispaghetti zusammen mit dem Essig und den Gewürzen mit hinzu, wenn die Zwiebeln glasig werden, und braten sie alles zusammen solange an, bis die Kohlrabispaghetti die gewünschte Konsistenz haben.

3. Abschließend mit etwas Salz und Pfeffer ab abschmecken und die Cocktailtomaten über die Kohlrabispaghetti geben. Den Schafskäse zerbröseln und gemeinsam mit den Kräutern garnieren.

MÖHREN-KOHLRABI-SPAGHETTI MIT ERDNUSSSOßE

Zutaten:

4 große Möhren
2 große Kohlrabi
2 rote Zwiebeln
2 EL Kokosöl
200ml Kokosmilch
5 EL Erdnussbutter
2 TL Curry Pulver
2 TL Paprika Pulver
1 TL Chili
Salz und Pfeffer zum Abschmecken

Zubereitung:

1. Schälen Sie zunächst die Möhren und die Kohlrabi und drehen Sie diese so durch den Spiralschneider, dass am Ende Gemüsespaghetti dabei herauskommen. Anschließend schälen Sie die Zwiebeln, schneiden diese in kleine Stücke und braten diese zusammen mit dem Kokosöl in der Pfanne an.

2. Anschließend vermengen Sie die Kokosmilch, mit der der Erdnussbutter und den Gewürzen und geben die Flüssigkeit mit in die Pfanne und lassen Sie 10 Minuten lang aufkochen.

3. Abschließend geben Sie die Gemüsespaghetti mit in die Pfanne, rühren diese unter und lassen sie 4 Minuten lang mitkochen. Abschließend schmecken Sie alles noch einmal entsprechend der Gewürze ab.

KOHLRABISPAGHETTI MIT TOMATEN-SPINATSOßE UND PARMESAN

Zutaten

4 große Kohlrabi
2 rote Zwiebeln
1 mittelgroße Möhre
4 Knoblauchzehen
3 Handvoll frischer Spinat
150g Cocktailtomaten
600ml passierte Tomaten
60g geriebener Parmesan
2 EL Olivenöl
2 TL Oregano
1 TL Thymian
2 TL Paprika Pulver
Salz und Pfeffer zum Abschmecken

Zubereitung:

1. Schälen Sie zunächst die Kohlrabi und drehen Sie diese so durch den Spiralschneider, dass am Ende Kohlrabispaghetti herauskommen. Anschließend schälen Sie die Zwiebeln, die Möhre und die Knoblauchzehen, schneiden alles in kleine Stücke und braten diese zusammen mit dem Olivenöl in einer Pfanne an. Geben Sie nun den Spinat hinzu und erwärmen Sie diesen bis er weich wird und etwas einfällt.

2. Folgend geben Sie die passierten Tomaten und die Gewürze hinzu und lassen die Soße etwa 10 Minuten lang aufkochen. Im Anschluss können Sie die Kohlrabispaghetti mit zur Tomatensoße geben und diese 4 Minuten lang mitkochen.

3. Halbieren Sie nun noch die Cocktailtomaten und geben Sie diese, zusammen mit dem Parmesan, über die fertigen Kohlrabispaghetti.

KOHLRABI-CARBONARA MIT FRISCHER PETERSILIE

Zutaten:

4 große Kohlrabi
1 rote Zwiebel
250g Schinkenwürfel
4 Eier
150g Parmesan
400ml Milch, fettarm
2 TL Paprika Pulver
1 TL frische Kräuter
1 TL Knoblauch Pulver
2 Bund frische Petersilie
Salz und Pfeffer zum Abschmecken

Zubereitung:

1. Schälen Sie zunächst die Kohlrabi und schneiden Sie diese in dicke Stifte, welche Sie durch den Spiralschneider drehen, damit Kohlrabispaghetti bei herauskommen. Anschließend schälen Sie die Zwiebel, schneiden diese in kleine Stücke und braten Sie zusammen mit dem Schinken und dem Olivenöl in einer Pfanne scharf an.

2. Nun vermengen Sie die Eier, den Parmesankäse, die Milch und die Gewürze in einer Schüssel miteinander. Geben Sie folgend die Kohlrabispaghetti mit in die Pfanne und gießen Sie die zuvor zusammengerührten Zutaten oben drüber. Braten Sie alles, unter ständigen rühren und vermengen, in der Pfanne an, bis die Soße stockt und die Eier durch sind.

3. Abschließend können Sie alles noch einmal mit den Gewürzen abschmecken, die Petersilie kleinschneiden und oben drüberstreuen.

LACHSFILET AUF KOHLRABI-NUDELN UND SPARGEL

Zutaten:

2 Lachsfilets

300 g grüner Spargel

2 Kohlrabi, groß

1 EL Dill

Olivenöl

Salz

Zubereitung:

1. Die Kohlrabi schälen und durch den Spiralschneider drehen. In einer Pfanne Öl erhitzen und die Lachsfilet auf der Hautseite anbraten, wenden und zugedeckt, je nach Filetstärke, etwa 15 Minuten braten lassen.

2. Inzwischen in einem Topf Wasser zum Kochen bringen. Die Spargelenden abschneiden und den Spargel im heißen Wasser 3 Minuten garen lassen. Nun die Kohlrabi-Nudeln hinzufügen und zusammen mit dem Spargel im Wasserdampf bissfest fertig garen. Abseihen.

3. Auf zwei Teller das Gemüse anrichten, die Lachsfilet darüberlegen, mit Dill und Salz bestreuen.

KOHLRABI MIT APFEL UND FETA

Zutaten:

1 Kohlrabi, mittel-groß

1 Apfel „Granny Smith"

60 g Feta

2 EL Walnüsse, gehackt

Rucola, nach Bedarf

2 EL Balsamico-Essig, rot

3 EL Olivenöl

1 EL süßer Senf

1 TL Birkenzucker

Salz, Pfeffer

Zubereitung:

1. Für das Dressing Essig, Öl, Senf, Birkenzucker in einer Schüssel vermengen und mit Salz und Pfeffer abschmecken.

2. Kohlrabi schälen und durch den Spiralschneider drehen. Ebenso den Apfel.

3. Kohlrabi, Apfel, zusammen mit dem Rucola vermischen und auf zwei Teller verteilen.

4. Feta darüber zerbröseln, die gehackten Walnüsse darüber verstreuen und mit dem Dressing beträufeln.

AUFLAUF MIT GEMÜSE-NUDELN UND HACKFLEISCH

Zutaten:

500 g Hackfleisch, gemischt

1 Blumenkohl, groß

1 Kohlrabi

1 Zwiebel, würfelig geschnitten

1 Dose Tomaten, in Stücke geschnitten

50 g Parmesan

1 Ei

1/8 l Gemüsefond

2 EL Öl

1 TL Oregano

1 EL Basilikum, gerebelt

Salz, Pfeffer

Zubereitung:

1. Das Backrohr auf 180 Grad vorheizen. Vom Blumenkohl die Röschen in kleine Stücke schneiden. Diese auf ein, mit Backpapier belegtes Backblech legen und im Rohr etwa ½ Stunde garen lassen. Den Strunk vom Blumenkohl glätten und durch den Spiralschneider drehen. Den Kohlrabi schälen und ebenso durch den Spiralschneider drehen.

2. In einer Pfanne das Öl erhitzen und das Fleisch rundum anbraten, die würfelig geschnittene Zwiebel dazu geben, die Tomaten und den Gemüsefond untermischen, mit Salz, Pfeffer und Oregano abschmecken. Etwa 10 Minuten köcheln lassen. Inzwischen den Blumenkohl im Standmixer zusammen mit dem Ei, dem Basilikum und etwa die Hälfte Parmesan fein pürieren. Mit Salz und Pfeffer abschmecken.

3. In eine Auflaufform das Hackfleisch-Tomaten-Gemisch geben und mit den Gemüse-Nudeln vermischen. Darauf das Blumenkohl-Püree verteilen und mit dem restlichen Parmesan bestreuen. Auf 200 Grad das Ganze im Rohr etwa 20 Minuten überbacken.

BLUMENKOHL-NUDELN IN SAHNE

Zutaten:

2 Blumenkohl, nur
der Strunk
Blumenkohlblätter,
nur die Stiele
40 ml Schlagsahne
Salz
2 EL Butter
3 EL Mandelstifte
2 TL Curry

Zubereitung:

1. Den Blumenkohl-Strunk glätten und durch den Spiralschneider drehen. Von ein paar Stielen das Blattgrün entfernen, Stiele in etwa ½ cm große Stückchen schneiden. In einer Pfanne die Butter erhitzen, darin die Mandelstifte kurz anrösten, Curry dazu mischen.

2. Die Blumenkohl-Nudeln hinzufügen, kurz anschwitzen lassen, mit der Sahne ablöschen und mit Salz abschmecken. Auf einem Teller anrichten und mit den vorbereiteten Blattstielen garnieren.

BLUMENKOHLSPAGHETTI MIT LAUCH-CHAMPIGNONSUPPE

Zutaten:

2 Blumenkohlköpfe
4 Lauchstangen
250g Champignons
250ml Sahne
150ml Gemüsebrühe
1 rote Chilischote
1 Zwiebel
2 EL Olivenöl
1 rote Chilischote
2 TL Curry Pulver
2 TL Paprika Pulver
1 TL Knoblauch Pulver
Salz und Pfeffer zum Abschmecken

Zubereitung:

1. Fangen Sie damit an, den Blumenkohl zuzubereiten. Hierfür zerteilen Sie die Köpfe in einzelne Röschen. Den Strunk drehen Sie jeweils so durch den Spiralschneider, dass am Ende Blumenkohlspaghetti herauskommen. Anschließend schälen Sie die Zwiebel, schneiden diese zusammen mit der Chilischote in ganz kleine Stücke und braten Sie zusammen mit dem Olivenöl in einer Pfanne. Nun schälen Sie die Champignons, schneiden diese in Scheiben und geben sie zusammen mit den Blumenkohlröschen, der Sahne, der Gemüsebrühe und den Gewürzen mit in die Pfanne. Lassen Sie alles zusammen solange aufkochen, bis die Röschen weich werden.

2. Nun geben Sie noch die Blumenkohlspaghetti hinzu und schmecken abschließend alles noch einmal entsprechend der Gewürze ab.

ÜBERBACKENER FISCH IN BROKKOLI

Zutaten:

3 Fischfilets

1 Brokkoli, groß

80 g Käse, gerieben

200 ml Sauerrahm

Saft einer halben Zitrone

2 EL Öl

Salz, Pfeffer

Zubereitung:

1. Das Backrohr auf 180 Grad vorheizen. Die Brokkoli-Röschen vom Strunk lösen. Den Strunk glätten und durch den Spiralschneider drehen. In einem Topf Wasser zum Kochen bringen und die Brokkoli-Röschen kurz überkochen. Abseihen.

2. Die Fischfilets mit Zitronensaft beträufeln, salzen und pfeffern. In einer Pfanne das Öl erhitzen und den Fisch kurz anbraten. Herausnehmen und in eine Auflaufform geben. Die Brokkoli-Röschen und die Brokkoli-Nudeln auf den Fisch verteilen. In einer Schüssel den Sauerrahm und Käse vermischen, salzen und pfeffern und über den Brokkoli verteilen. Im Backrohr das Ganze noch etwa 15 Minuten überbacken.

FISCHFILET MIT GEMÜSE-NUDELN

Zutaten:

300 g Fischfilets

2 Zucchini, mittel-groß

1 Brokkoli

6-8 Cocktail-Tomaten

1 Zwiebel, groß

100 ml Schlagsahne

200 ml Weißwein

50 g Butter

2 EL Olivenöl

1 EL italienische Kräuter

Salz, Pfeffer

Zubereitung:

1. Die Brokkoli-Röschen vom Strunk entfernen und in kleine Stückchen teilen. Den Strunk glätten und durch den Spiralschneider drehen. Die Zucchini waschen und durch den Spiralschneider drehen. Zum Abtropfen auf ein Küchenpapier legen.

2. In einem Topf Wasser erhitzen, salzen und die Brokkoli-Nudeln darin 2 Minuten bissfest garen. Abtropfen lassen. Dann die Brokkoli-Röschen 5 Minuten bissfest garen. Zwiebeln und Tomaten kleinwürfelig schneiden.

3. In einer Pfanne das Öl erhitzen und Zwiebel glasig rösten. Die Zucchini-Röschen hinzufügen, ebenso die Tomaten. Mit Salz, Pfeffer und den Kräutern abschmecken. Die Fischfilets pfeffern. In einer Pfanne die Butter erhitzen und den Fisch von beiden Seiten goldbraun anbraten. Das Tomaten-Brokkoli-Gemisch und die Brokkoli-Nudeln hinzufügen und mit Weißwein und Sahne ablöschen. Etwa 5 Minuten köcheln lassen.

4. Das Essen anrichten.

ASIA-PFANNE MIT RINDFLEISCH

Zutaten:
200 g Rinderfilets
200 g Champignon
1 Brokkoli, mittel-
groß
2 Karotten
2 Knoblauchzehen,
fein gehackt
4 EL Sojasauce
2 EL Sesamöl
Salz, Pfeffer, Chiliflo-
cken

Zubereitung:
1. Das Fleisch in Streifen schneiden. Die Champignons putzen und in Streifen schneiden. Die Brokkoli-Röschen vom Strunk lösen, den Strunk durch den Spiralschneider drehen. Die Karotten schälen und sehr dünn durch den Spiralschneider drehen, zur Seite stellen und mit etwas Sesamöl beträufeln.
2. In einer Pfanne etwas Öl erhitzen und darin die Rindfleischstreifen anbraten. Den fein gehackten Knoblauch hinzufügen, die Brokkoli-Röschen und die Champignons und das Ganze mit der Sojasauce, Salz, Pfeffer und Chili abschmecken. Garen lassen.
3. In einem Topf mit Wasser die Zucchini-Nudeln blanchieren, zusammen mit dem Pfanneninhalt auf Teller anrichten und obenauf mit den Karotten Nudeln garnieren.

BROKKOLI IM SAHNEHÄUBCHEN

Zutaten:

1 Brokkoli
200 ml Schlagsahne
1 EL Mehl
2 Zehen Knoblauch,
fein gehackt
1 EL Öl
Salz, Pfeffer, Gewürze
nach Belieben

Zubereitung:

1. Die Brokkoli-Röschen vom Strunk entfernen und in mundgerechte Stücke teilen. Den Strunk glätten und durch den Spiralschneider drehen. In einem Topf Wasser erhitzen, salzen und die Brokkoli-Nudeln darin 2 Minuten bissfest garen. Abtropfen lassen. Dann die Brokkoli-Röschen 5 Minuten bissfest garen.

2. In einem kleinen Topf das Öl erhitzen, darin den gehackten Knoblauch anrösten, mit dem Mehl bestäuben und mit der Schlagsahne ablöschen. Unter ständigem Rühren leicht köcheln lassen und mit Gewürze nach Belieben abschmecken.

3. Die Brokkoli-Nudeln mit den Röschen mischen, auf einem Teller anrichten und die Soße darüber verteilen.

BROKKOLI-SAHNE-NUDELN

Zutaten:

1 Brokkoli, groß
40 ml Schlagsahne
2 EL Butter
 EL Mandelblättchen
Salz, Pfeffer, Chili, Zucker nach Bedarf

Zubereitung:

1. Die Brokkoli-Röschen vom Strunk entfernen und in kleine Stückchen teilen. Den Strunk glätten und durch den Spiralschneider drehen. In einer Pfanne die Butter erhitzen, die Brokkoli-Röschen zusammen mit den Mandeln darin anrösten.
2. Die Brokkoli-Nudeln dazu mengen, kurz anschwitzen lassen, mit der Sahne ablöschen und mit den Gewürzen abschmecken.

Herstellung und Verlag:
BoD – Books on Demand, Norderstedt
ISBN: 9783751919456

© Linh Fingerhut 2020
1. Auflage
Kontakt: Psiana eCom UG/ Berumer Str. 44/ 26844 Jemgum
Covergestaltung: Katja Larsson
Coverfoto: depositphotos.com